墨香财经学术文库

“十二五”辽宁省重点图书出版规划项目

基于保险精算原理的政策性作物保险定价研究

Policy-Oriented Crop Insurance Pricing Research Based on Actuarial Principles

于洋　著

东北财经大学出版社
Dongbei University of Finance & Economics Press
大连

图书在版编目（CIP）数据

基于保险精算原理的政策性作物保险定价研究 / 于洋著. —大连：东北财经大学出版社，2023.8
（墨香财经学术文库）
ISBN 978-7-5654-4939-0

Ⅰ. 基… Ⅱ. 于… Ⅲ. 农业保险-研究-中国 Ⅳ. F842.66

中国国家版本馆CIP数据核字（2023）第160097号

东北财经大学出版社出版发行
大连市黑石礁尖山街217号 邮政编码 116025
网 址：http：//www.dufep.cn
读者信箱：dufep @ dufe.edu.cn
大连永盛印业有限公司印刷

幅面尺寸：170mm×240mm 字数：150千字 印张：10.25 插页：1
2023年8月第1版 2023年8月第1次印刷
责任编辑：李 彬 赵 楠 责任校对：贺 力
封面设计：原 皓 版式设计：原 皓
定价：60.00元

教学支持 售后服务 联系电话：（0411）84710309

举报电话：（0411）84710523
如有印装质量问题，请联系营销部：（0411）84710711

前言

农业保险作为WTO力举的扶农利器，在国际上已被普遍视为一种非价格保护农业的重要工具，在我国乡村振兴和建设农业强国中，作出了重要贡献。我国农业保险道路经历了探索、试验、初步规范阶段，如今正进入高质量发展阶段，在一定程度上支持了农业农村发展，稳定并增加了农户收入，在保证粮食安全方面发挥了重要作用，有力支持了脱贫攻坚战的胜利实现。然而，在政策性农业保险实施过程中，我国仍存在“协商”和“行政性”等定价失当问题，与国际先进水平相比存在一定差距。

2023年是全面贯彻落实党的二十大精神的开局之年，也是加快建设农业强国的起步之年。2023年中央一号文件指出，抓紧抓好粮食和重要农产品稳产保供 。要健全种粮农民的收益保障机制，逐步扩大稻谷、小麦、玉米完全成本保险和种植收入保险实施范围。同时，合理设定三大粮食作物生产者补贴标准，继续实施好完全成本保险和种植收入保险试点。值得注意的是，作物收入保险是一种短期的收入保障政策手段，不能保障农户持续稳收和增收，现阶段的政府保护价格也无法反映市场波动，其定价机制目前在学术界存有疑问。在多种生产风险交互作用下，作物多种险产品的保障适用性更强。然而，对于作物完全成本保险和物化成本保险，目前采取同一作物省内统一保额、单一费率水平的定价模式无法反映真实农业风险水平，保障水平有限、补贴标准和机制失当等问题导致了对农户的有效需求无法满足，与农户的投保意愿相悖，且纯费率厘定中缺乏巨灾风险费率的厘定过程，使得政策性农业保险价格补贴的合理性受到质疑，理论上也缺乏能够保证政府、农户和保险公司三方利益均衡的保费精算方法。随着农业保险政策性推广范围的不断扩大，如何科学、合理地厘定保险价格是政策性农业保险高质量发展、乡村得以全面振兴的关键。

本书以多保障水平下的作物多种险定价为研究对象，提出需要解决的关键问题如下：（1）政策性农作物保险合理定价基于的理论与方法；（2）农户生产风险认知度的获知以及农业保险支付意愿的测算；（3）多保障水平下的作物保险纯费率、农民实付保费、政府补贴及保险储备金等价格要素的厘定。

本书对国内外农业保险主要差距相关研究进行了系统的文献回顾，发现解决我国政策性农业保险产品科学定价的突破口是基于市级区域尝试运用生存分析精算的方法评估作物单产风险，完善我国的政策性农业保险产品差别化定价体系。

首先，应用农业保险的外部性理论、收支平衡原理、效用最大化原理分别从政府、保险公司与农户三方角度阐述政府对作物保险补贴的最优规模，分析保险公司采用统一费率的弊端以及厘定保险统计精算价格的决定因素——保障水平和期望损失风险。针对生存模型如何对作物保险中损失风险率的测算进行公式推导。

其次，对我国政策性农作物保险的研究背景进行实证分析，对我国农作物生产风险的识别及成因进行分析，识别我国农业生产风险因素的可保风险，阐明政策性补贴对农业保险市场均衡的影响，结合我国政策性农业保险的发展现状进行评估和分析，总结现阶段我国政策性农业保险产品设计存在的问题，并以辽宁省盘锦市样本地区为例对我国农户的作物保险存在的问题与支付意愿进行实地调查、分析与测算。

再次，在上述研究工作基础上，运用生存分析法对辽宁省盘锦市政策性作物保险价格的厘定展开实证研究。采用已构建的生存分析精算模型厘定出多个保障水平下的政策性作物保险纯费率，然后根据不同农户的风险偏好类型，针对产量保险和成本保险两种MPCI（政策性作物多种保险）产品分别进行保额的厘定，并将纯费率进行特定的费率要素分解，进而确定出定价“方案一”和定价“方案二”两种政策性作物保险定价模式。为保险公司的保费厘定、产品推广以及政府的价格补贴决策提供借鉴。

最后，通过样本地区实证结果给出本书的结论，同时总结主要的创新点，提出研究的局限性和后续研究的展望，并对我国政策性农业保险价格政策的制定提出合理建议，有助于满足农户对多保障水平的作物保险产品的有效需求，解决农户农业保险主观意愿不强、投保率不高、粮食生产安全保障不足的问题。

本书不仅对样本地区开展和实施作物保险具有重要的理论与实践方面的指导意义，也能够为我国推进和完善政策性农业保险提供技术方法研究的借鉴和政策建议。

本书的出版得到教育部人文社科基金项目《农业保险差别化费率与补贴理论方法与实证研究》（项目编号：11YJC630267）的资助，在此深表谢意。

作　者

2023年3月

目录

1 导论

2004年，我国开始逐步恢复政策性农业保险的试点工作，特别是2007年建立政策性农业保险制度后，其为农业、农村、农民提供了有力的风险保障，在一定程度上支持了农业农村发展，稳定并增加了农户收入，在保证粮食安全方面发挥了重要作用。2018年，乡村振兴战略提出后，农业保险覆盖范围以及国家财政补贴金额等方面均有所增加，为乡村全面振兴作出了贡献。全面推进乡村振兴、实现农业农村现代化，离不开金融的支持。2022年，党的二十大报告对全面推进乡村振兴作出重要部署，强调“完善农业支持保护制度，健全农村金融服务体系”。要求进一步完善农村金融服务体系和保障体系，不断开发金融保险领域特色产品，特别是要扩大保险服务覆盖面、提高保险保障水平、筑牢防返贫保险保障网。然而值得注意的是，我国在政策性农业保险实施的过程中，仍存在农民的保险保障需求与作物保险提供保障水平不完善的矛盾。其主要原因是定价机制失当，不利于农业保险的高质量发展，以省为单位统一保额、单一费率的政策性作物完全成本保险定价缺乏巨灾风险的费率厘定。如何构建农民的社会保障体系是一个严肃的课题，基于保险精算原理的多保障水平政策性作物保险费率厘定是这个保障体系中的重要组成部分。科学、合理定价成为全面推行国家政策性农业保险高质量发展的关键。

1.1 研究背景

强国必先强农，农强方能国强。2023年中央一号文件立足当前，部署全面推进乡村振兴重点工作，并着眼长远，提出加快建设农业强国的总体要求和具体安排，强调抓紧抓好粮食和农业生产，确保粮食和重要农产品稳定安全供给。然而，作为农业大国，我国农业一直处于典型的风险产业地位，农业生产极易遭受非人为风险因素的影响。受限于自身的弱质性和生产长周期性等特征，农业在生产过程中面临的灾害风险较多。我国自然灾害有以下特点：灾害种类多、分布地域广、发生频率高、灾害损失重。作物的产量风险难以预测，又缺乏有效的对冲手段，导致农民的收入水平难以得到保障。联合国粮食及农业组织发布报告指出，近10年间，发展中经济体的农业因自然灾害影响损失严重，作物和家畜生产遭受损失超过1 080亿美元。我国每年因自然灾害大约有3亿人次受灾，每年因自然灾害导致的农业经济损失高达125亿美元，约占世界平均年损失（500亿美元左右）的1/4。英国气象局与英国保险（ABI）协会合作项目“气候变暖所引起的金融风险”指出，全球平均气温每上升4°C，则中国平均每年仅台风引起的农业灾害风险损失将会增加32%，未来100年内，巨灾风险损失将会增加9%，未来200年内的巨灾风险损失会增加17%。大部分农产品的价格易受市场供给的影响，而市场供给的数量在很大程度上受自然因素控制，农产品市场的这种特点直接影响到农民的经济利益和福利水平。中国精算师协会发布的《稻谷、小麦、玉米成本保险行业基准纯风险损失率表（2020版）》客观真实地反映出整体农业生产风险状况，为保险机构产品开发和精算定价提供了技术支持，对于完善农业保险定价机制，促进农业保险业务高质量发展有着重要的推动作用。

1.1.1 农业高风险性使农业保险成为国际上重要的非价格农业保护工具

作为现代农业发展的三大支柱（农业科技、农业金融和农业保险）之一，农业保险是被世贸组织极力推荐给各国支持农业的“绿箱”政策。农业保险在提高农业抗灾减灾能力、促进农民增收、维护国家粮食安全等方面发挥着重要作用。统计显示，我国农业保险业务规模仅次于美国，居全球第二，亚洲第一。世界上有40多个国家正在成功推行或实验由财政补贴为主导的作物保险政策，美国用了70多年的时间基本上完成了作物保险从传统向现代化的历史转变，在费率精算与财政补贴方面积累了许多成功的经验。为了鼓励农民投保，政府通常会对农户补贴部分保费、对保险机构补贴管理成本。例如，美国对不同保障水平下的作物保险实行差别补贴，2008年农作物承保面积高达2.7亿英亩，约占可保面积的80%；1995年至2020年，因干旱向农民支付的保险理赔从3.25亿美元增至16.5亿美元。同期，因洪涝灾害等向农民支付的保险理赔从6.85亿美元增至26.1亿美元。美国农业部的数据显示，1995年至2020年，保险覆盖的耕地面积增加了84.5%。日本保费补贴比例依费率不同而不同，费率越高，补贴越高，水稻补贴70%（费率超过4%），旱稻最高补贴80%（费率为15%以上），小麦最高补贴80%。日本、韩国对农户的直接保费补贴在60%左右。加拿大、法国对农民保费补贴比例高达80%左右，其作物投保率均在65%以上。同时，各国政府均出资补贴管理费用或提供再保险业务，基于保险精算的保费补贴措施有力地促进了农业保险系统的发展与完善。各国政府已经将农业保险作为非价格农业保护的重要工具来稳定农业生产、增加农民的收入。

1.1.2 农业生产的高质量发展呼唤我国多保障水平的政策性保险支持

国内外保险业的研究经验表明，农作物多种险的费率一般在2%~15%，比家庭财险、企业财险的损失率（1%左右）要高出十几倍甚至几十倍，但我国农业保险面对的人群是收入有限的小农户，很难让他们自愿购买农业保险，这也是各国普遍推崇政策性农业保险的主要原因。归纳起来，我国的政策性农业保险经过了以下历程：1949年到1981年由政府经营农业保险，1982年到1992年由政府与保险公司合作经营，1993年到2003年由保险公司独立承包商业化经营，2004年至今以政府为主导、多方合作共同经营。中国银行保险监督管理委员会的统计资料显示，2004年我国农业保险的户均保费不足2元，2007—2021年间，中央财政补贴从21.5亿元增长到333.45亿元。同时，农业保险的财政补贴放大能力逐年增强，从2007年的52.37倍增长至2021年的163.57倍。随着2018年乡村振兴战略的提出与实施，截至2022年年底，三大粮食作物完全成本保险和种植收入保险推广面积逐步扩大，已基本覆盖了13个粮食主产省所有产粮大县，但产粮大县内投保覆盖率仍有不足。13个粮食主产省产粮大县全成本和收入保险面积覆盖率平均只有约50%。在13个粮食主产省中，全成本和收入保险面积覆盖率70%以上的有3个，50%~70%的有4个，30%~50%的有4个，不足30%的有2个，有些主产省投保率不足30%，有的产粮大县覆盖率不足10%。不同作物的保险覆盖面积也有所不同，小麦完全成本保险面积覆盖率最高，达到77%，而玉米和水稻覆盖率仅有40%左右，一些地方承保覆盖率明显偏低。造成这种情况的主要原因是保险产品定价单一、系统风险无法得以有效分散。另外，数据收集、风险评估以及保险成本厘定等诸多方面仍存在技术障碍。国内学者多注重理论、模式研究与经验分析，深入的多保障水平下的政策性保险定价研究仍较为缺乏。我国的政策性农业保险费率厘定研究仍需要不断完善。

1.1.3 突破口是基于保险精算原理的差别化政策性作物产量保险定价

根据保险精算原理，保险业得以持续发展的关键是保险公司从投保者那里收取所有保费的总和必须与其为投保者支付的全部保险赔付金额持平，这是所有保险业务赖以生存与发展的基础和前提条件。而政策性农业保险的开展不仅需要基于保险精算上的纯费率厘定，更需要政府合理的保费与管理费补贴。世界银行专家估计，如果采取类似于美国高投保率下的高额补贴，中国每年种植业保险的保费补贴可能高达470亿元。2022年，中央财政已向各地及中央单位下达保费补贴309亿元。我国农业保险承保主要农作物面积达到21亿亩，约占全国播种面积的84%，承保农作物品种超过210种，基本覆盖我国主要粮食作物和糖料、油料、生猪等主要大宗农产品。农作物的保险金额一般参照投保农作物前5年平均产量的价值计算，保平均产量价值的50%～70%，或是保生产成本的50%～70%。如何进一步促进农业保险规范经营、优化服务、提升效率，加快推进农业保险高质量发展，更好地服务"三农"事业，是保险业正在着力攻克的课题。

根据世界各国实行政策性农作物保险的普遍做法，农业保险运营成本一般由以下部分构成：基本保费、巨灾保费、保险储备金和管理费用成本。《科技助力农险高质量发展白皮书（2022）》指出，在国家政策支持和需求升级的共同推动下，我国农险将持续扩面、增品、提标，发展的潜力和空间巨大。以国际经验法测算，我国农业保险保费规模在2025年将超过1 600亿元，2035年达到6 000亿~10 000亿元。同时，随着农业保险在财产险业务中占比逐步提高，2025年将成为财产险公司第二大非车险险种。2023年，国务院常务会议决定进一步扩大粮食作物完全成本保险和种植收入保险实施范围。然而，随着农业保险范围的进一步扩大，我国农业保险价格成本的测算与补贴政策的制定正面临一些亟待解决的具体问题。首先，作物完全成本保险的"一省一费率"缺乏科学性。由于政策性业务的特点，各省份主要农业保险产品的费率厘定不是以保险机构风险定价为主，而是财政部门、农牧部门、保险机构等农险市场各方协商确定，主观判断对费率厘定影响较大，产品定价的科学性不足，易产生逆向选择现象，从而诱发违规问题。其次，虽然我国收入保险呼声很高，但以农户为单位的收入保险对小农户来说难度比较大，主要是因为无法获得农户的确切产量数据，保险定价比较困难。《农业保险条例》第十九条指出，保险机构应当公平、合理地拟定农业保险条款和保险费率。针对现阶段我国各地实行的完全成本保险和物化成本保险产品，如何运用动态调节机制，因地制宜地增加不同区域的农户投保率？中央和省市各级政府财政部门应怎样制定更合理的补贴计划来缓解每年投入的巨额灾后补偿预算？解决这一系列问题的突破口就是要运用保险统计精算的方法对市级地区农业生产风险进行测度，在此基础上确定出更为合理的农户实付保费与政府的补贴额度，进而完善符合中国地域特点的政策性农业保险产品定价体系。

1.2 研究意义及研究目的

1.2.1 研究意义

1）为我国农业保险补贴政策的制定提供理论依据

本书试图从市场经济学的外部性理论、保险精算的收支平衡（对价）理论和费率厘定的效用函数理论出发探讨农业政策性保险的发展规律，阐述经济学中解决农业保险外部性问题的主要途径及具体解决方法。这些理论问题的解决能够帮助政府、保险公司乃至农户清楚地认识到农业保险产品的特点，了解各个主体在保险市场中所扮演的角色，各自应当承担的责任与义务。通过合理的价格制定既可以降低保险公司的经营风险，也可以加大农户的投保意愿，有效降低逆向选择和道德风险问题，实现政府的补贴目标，从而在技术层次上保障和推进农业保险的发展。而农业保险的快速发展则会进一步促进我国的农业生产与农村经济发展，最终保障农民的收入，反过来又为农业保险市场的健康发展奠定良好的基础。

2）填补国内政策性作物保险精算方法研究的一些空白

实践证明，农业保险要走出困境，必须在保险费率的厘定方法上有所创新才行。由于我国农民的收入水平、风险状况、土地经营规模、管理水平、作物灾害损失波动程度存在着很大的差异，对保险产品的需求有明显的区域性特点。同时，国内农业保险产品的保障水平单一，至今远没有像医疗保险、汽车保险那样普及，其根本原因是研究方法和数据方面的限制，缺乏基于区域作物生产风险厘定的不同保障水平下的政策性保险精算研究，寿险生存模型在国内作物产量保险的风险评估与保费精算等方面的应用还是空白。本书将在对国外农业保险精算方法进行研究的基础上，通过思路创新，为我国农业保险厘定保费和政府补贴数额提供科学依据，填补国内政策性农业保险研究的一些空白。

1.2.2 现实意义

本书综合运用了福利经济学、农业经济学、统计学、保险学、管理学等多学科的理论与方法，借鉴国际经验，运用保险精算方法厘定出政策性农作物保险各价格要素，对纯费率的厘定、保障水平及政府补贴比例的制定都进行比较全面、系统的分析和研究。在此基础上提出我国农业作物保险定价政策的相关建议，推动我国政策性作物保险业的科学、全面发展。

本书的研究视角如图 1-1所示。

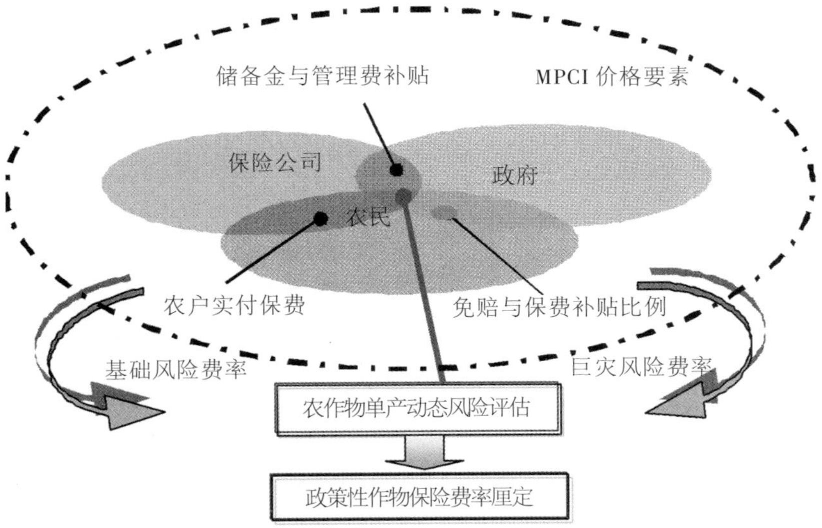

图 1-1 本书的研究视角

具体目标为：①比较国内外农业保险研究的现状和主要差距；②分析国内外的作物保险精算基础理论及发展趋势；③采用实地调研及 Cox 比例风险模型等方法识别我国农户的风险认知，评估乡村振兴战略下我国政策性农业保险的发展情况，以及进行农户对作物保险支付意愿的测算；④对寿险精算的生存分析法进行重点研究，运用生存模型和蒙特卡罗模拟等方法进行作物单产动态风险的评估与预测，分别测度出试点地区主要大田作物生产基础风险与巨灾风险率；⑤在此基础上针对辽宁省盘锦市作物保险定价方案展开实证研究，构建出我国多个保障水平下的政策性作物多种保险区域单产保险定价体系；⑥对我国作物保险的价格实施政策进行对策与建议的探索和思考。

1.3 研究假设与研究内容

1.3.1 研究假设

任何科学的研究都必须基于某种假设之上，本书亦不例外。本书的假设包括：

（1）本书研究的农作物保险仅指作物多种保险，承保责任不包括农户故意使用假种子、假化肥等道德风险与价格风险，也未涉及收入保险等其他保险产品。

（2）假设选取的市级样本地区内农户的风险程度相似，且该地区内作物平均单产水平具有相同分布并能够反映农业生产的损失风险水平。

（3）纯费率（也称净费率，所计保险费用于保险事故发生后进行赔偿或给付）包含基础费率与巨灾费率两部分，是在假设保险公司交易成本为零的情况下按照作物保险精算方法进行厘定的。

（4）假设当所有投保农户达到效用最大时，即边际效用为零，则保险公司也达到效用最大化，此时社会资源配置最优，农业保险市场达到均衡状态。

（5）假设政府对产量保险纯费率的补贴比例可参照国际标准，对于成本保险的纯费率补贴比例则依照国内试点地区现行标准。

1.3.2 研究内容

本书以政策性农作物一切险为研究的背景条件，以政策性试点样本地区农户的作物保险需求意愿调查、农业风险评估的生存分析模型构建与保险价格要素的厘定为主线。围绕样本地区主要大田作物保险的定价方案，着重研究如下问题：

问题一：基于什么理论、方法和模型能够对政策性作物产量保险进行合理定价？

分别应用农业保险的外部性理论、收支平衡原理、效用最大化原理从政府、保险公司与农户三方的角度阐述政府补贴的最优规模、保险公司采用统一费率的弊端以及进行保险统计精算价格厘定的决定因素——保障水平和期望损失风险。针对生存模型对作物保险中损失风险率的测算进行公式推导。

问题二：现阶段我国农业保险产品定价存在哪些问题？政策性财政补贴是否能促进农业保险市场的长期均衡？如何获知农户生产损失风险以及农户对农业保险的支付意愿？

背景分析和问卷调查对农户风险认知与保险定价具有重要的参考价值。识别我国农业生产风险因素的可保风险，结合我国政策性农业保险的发展现状进行评估和分析，总结现阶段我国政策性农业保险产品定价存在的问题。基于盘锦市样本地区实地调查数据，分别运用Cox比例风险模型及概率单位分析完成农户生产风险损失与支付意愿的测算。

问题三：怎样用动态数据厘定各保障水平下的纯费率、农民实付保费、政府补贴比例及保险储备金等价格要素？

针对辽宁省盘锦市的保险定价方案展开实证研究，运用动态数据检测构建生存模型并计算所研究作物的生存函数曲线；测算相应的基础风险概率和巨灾风险概率，进而厘定出多个保障水平下作物保险纯费率、农民实付费率、政府补贴费率以及储备金费率等；结合农户支付意愿与财政补贴力度的测算结果，确定出对农民、政府和保险公司三方都适宜的最优保险定价方案。这部分是本书的核心成果。

本书的主要研究内容如下：

第1章，导论。考察国际与国内政策性农业保险研究的理论背景，提出目前解决我国政策性农业保险问题的突破口就是要运用保险统计精算的方法确定出合理的农户实付保费与政府的补贴额度，进而完善我国多个保障水平下的政策性农业保险产品定价体系。阐述研究的实践和理论意义，设计研究的技术路线。

第2章，相关概念及国内外研究综述。对现有文献进行研究评析，综述了保险精算相关基础理论、国内外农业保险主要差距比较研究、农业风险测算与保险费率厘定方法以及美国财政支持下的作物保险开发实践历程与主要农业保险产品。评述了在多种生产风险相互作用下，作物多种险的保障适用性更强。针对我国普遍开展的作物多种险存在的问题，提出多个产量保障水平的政策性作物产量保险价格制定的研究方向。

第3章，作物保险定价基础理论、方法与精算模型研究。从政府、保险公司与农户三方的角度阐述政府补贴的最优规模、保险公司采用统一费率的弊端和政策性农作物保险定价的基本原理、方法，确定出保险统计精算上的作物保险价格决定因素，重点研究作物单产风险评估的生存分析模型。

第4章，政策性作物保险定价背景评估及现状调查分析。对我国政策性农作物保险研究的背景进行实证分析，对农作物生产风险的识别及成因进行分析，识别出我国农业生产风险因素的可保风险，阐明政策性补贴对农业保险市场均衡的影响，结合我国政策性农业保险的发展现状进行评估和分析，总结现阶段我国政策性农业保险产品设计存在的问题，并以辽宁省盘锦市样本地区为例对我国农户作物保险存在的问题与支付意愿进行实地调查、分析与测算。

第5章，政策性作物保险定价方案实证研究——以辽宁省盘锦市MPCI为例。在上述研究工作的基础上，运用生存分析法对辽宁省盘锦市政策性作物保险价格的厘定展开实证研究。采用已构建的生存分析精算模型厘定出多个保障水平的政策性作物保险纯费率。根据农户不同的风险偏好类型，针对保产量与保成本两种MPCI保险产品分别计算产量保险和成本保险的保额，并将纯费率进行特定的费率要素分解，进而将保险价格确定为定价“方案一”和定价“方案二”两种形式。为保险公司对政策性作物保险的定价与政府进行价格补贴决策提供借鉴。

第6章，结论与展望。通过样本地区实证结果给出本书的结论，总结主要的创新点，同时给出研究的局限性和后续研究的展望，对我国政策性农业保险价格政策的制定进行探索与建议。本书对我国政策性农业保险的进一步实施具有借鉴意义。

1.4 本书的逻辑结构和研究方法

1.4.1 本书的逻辑结构

本书的逻辑结构如图1-2所示。

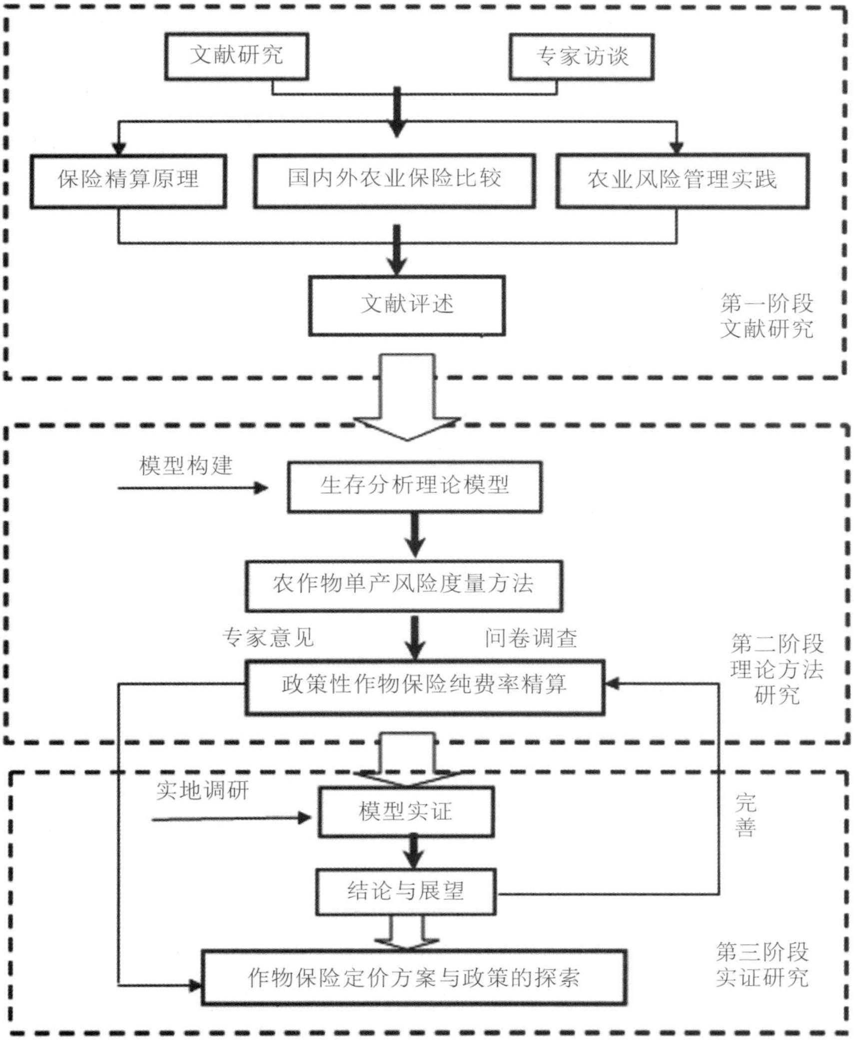

图1-2 本书的逻辑结构

1.4.2 逻辑结构

本书针对政策性作物保险的价格制定问题进行系统研究，通过文献检索与查阅，对相关领域的研究进行评析；同时，依托作者的研究课题，结合所主持的教育部人文社科基金项目和辽宁省盘锦市的相关研究项目，对国内外农业保险情况进行深入、全面实地调研和专家访谈；在此基础上，通过将保险精算统计原理、农业风险测算和保费厘定相结合，构建生存分析模型，生成损失风险函数，分别测算多个保障水平下的作物保险基本风险概率与巨灾风险概率，进而厘定出政策性作物保险的纯费率。将构建的生存分析模型应用于辽宁省盘锦市的作物保险中，提出具体的政策性作物保险价格制订方案。

具体的研究方法如下：

（1）演绎和归纳法：对国内外农业保险研究进展情况、现状及未来趋势进行探讨，对我国农业保险特点进行分析，归纳、总结当前作物保险精算研究的重点后，提出建立一种基于生存分析模型的保费厘定框架。

（2）规范研究与实证研究相结合法：规范研究为问题的提出、风险测度方法及模型构建提供理论基础，并以盘锦市政策性作物保险为例进行保费精算实证研究。

（3）比较分析法：广泛应用比较分析法，如农业风险管理实践的国内外对比、风险度量方法对比、国内外农业保险及再保险研究差距的比较分析等。

（4）数理经济建模分析法：在作物生产风险损失与支付意愿的度量、保险费率厘定、保障水平设立、免赔额度与政府补贴比例的确定等环节，均采用建立数理经济模型的研究方法。

2 相关概念及国内外研究综述

2.1 相关概念界定

本书研究的政策性作物保险指的是作物多种险，即专为农业生产者在正常从事农作物种植业生产过程中，对遭受各种自然灾害和意外事故所造成的产量损失风险提供保障的一种保险产品。国际经验表明，政策性农作物保险产品不属于一般商业保险的范畴，是政府对农业支持而作出的一种制度化安排，通过保险机制发挥财政支持政策的杠杆效应，使广大农民切实享受到惠农政策带来的效益。同时，政策性农作物保险产品是基于概率论和大数法则，对投保农户因作物生产风险引起的产量损失给予保险责任范围内经济补偿的一种政策性保障。因此本书精算研究的政策性保险产品具有以下性质：

（1）其是一种准公共产品，需要政府来推动。农业保险具有典型的弱质性、正外部性和非排他性，加上农作物生产经营过程中的高风险、高成本，需要政府给予一定比例的保费及管理费用支持。

（2）其是一种承保由各种自然风险因素引起作物产量损失的保险。政策性作物保险赔付基于产量而非收入损失风险之上，不同于收入保险，是WTO允许的各国支持农业的“绿箱”政策之一，并且不以营利为目的，反映的是政府的农业与农村经济政策，但却可以与市场化运作相结合。

（3）其理想的可保风险是大量分散且不相关的风险。政策性作物保险可保风险必须满足以下条件：①损失风险存在于一定范围内；②损失可以测度；③农民能够承担保费。

（4）其是政府保护农业的重要政策工具。作为分散政府任期内救灾风险的有力保障，通过合理的费率要素厘定，把巨灾财政救助前移为定量的灾前保险补贴及保险储备金，从而有利于减轻因不可抗力导致的各级政府财政救助压力。

目前，农业保险涉及的不应仅是局部产品本身细节问题，要有大产品概念。中国农业更需要的是把政府、保险公司、农民利益三者有机结合起来的保险。

基于此种理念，本书基于政策性作物保险产品的保费精算，从农民、政府和保险公司三方受益的角度研究保险定价要素、保障水平、免赔额度以及政府保费补贴，文献收集和模型构建围绕以上研究对象展开。

2.2 保险精算理论研究进展

保险精算理论的缘起是人寿保险中的费率计算，它的发展与人寿保险精算有着深厚的渊源。1762年，世界上第一家人寿保险公司——英国伦敦公平保险公司采用均衡保费理论，以死亡表为依据进行保费厘定，标志着寿险精算研究的开始。但寿险精算仅仅是精算的一个方面，精算还包括非寿险精算如农作物保险精算。非寿险精算中的保险标的、保险金额、合同期限与性质，以及所承保风险的可保性与寿险精算中保费的精算方法均有所不同。

2.2.1 保险精算基础——大数定律

大数定律是保险精算的基础。大数定律是指在每次独立的实验中偶然性随机事件发生的次数将在大量重复试验过程中呈现出必然性的规律，即随机事件的发生频率及平均结果的稳定性规律。围绕对“保险”的认识，学术界形成了多种不同的定义，进而形成了多种流派和学说，归纳起来，可分为以损失概念为核心来解释保险的损失说和力求避免用损失概念来解释保险本质的非损失说两大派。所谓保险，指的是保险人通过集中保险费来建立风险基金，用以补偿投保人可能遭受的经济损失。其中，保险人就是保险业务的经营者，即通常所说的保险公司，其通过收取保险费而承担投保人所需要转移的风险。投保人就是获得保险保障的人（被保险的人或组织），投保人有权在发生风险损失时要求保险人予以补偿。投保人与保险人之间的风险转移是通过签订保险合同来实现的。

保险费用是指投保人根据保险合同规定向保险公司支付的保费金额，同时，在损失发生时，保险公司也有责任和义务按合同所规定的赔偿范围对投保人补偿损失或者给付保险金额。保险合同产生的前提条件是大数定律，根据合同规定将个别投保人的风险转移到保险公司。保险公司正是利用在大多数情况下损失发生的相对稳定性使损失风险分散，实际上，这种总的风险损失的分散是由每个投保人公平合理共同分担的。对单个投保人来说，无法确定损失的发生时间与强度，当他们把这种损失风险转移给保险公司之后，也无法使损失发生的不确定性消除，只是对于保险公司来说，从所有投保人的整体来看，损失发生的不确定性消失了。保险公司根据保险精算原理进行损失评估与保险定价，然后通过从所有投保人那里收取保险费将损失的不确定性消除。

根据大数定律的基数约束条件，保险经营必须满足一定的最低投保数量，保险公司的保险运营稳定性取决于损失发生的实际值与损失期望评估值的一致性，实际损失值与损失期望评估值越接近，保险公司的经营风险越小。可见，保险经营的稳定性不仅取决于保费的精算，也取决于投保率。每个投保人应交纳的纯保费必须与所有投保人共同分担的损失期望值相等。所以，维持最低限度的投保人数是保险公司得以运营保险的基础条件，在此基础上不断增加投保人数，保险经营才能盈利。纯费率的厘定是依照损失风险的大小确定的，并且保险精算上的纯保费收入总额应该等于用于支付损失赔付总保额的支出，这样才能维持保险公司收入与支出的平衡。这是保险公司为保险产品厘定保费的重要依据——收支平衡原理。

2.2.2 国内外保险精算研究发展新趋势

近年来，国内外保险精算理论的发展趋势主要表现在以下几方面：① 拥有更为深广的数学基础，应用层出不穷的新数学精算模型。除了大数定律外，随机过程、生存分析等得到广泛应用，并使用了较高深的精算理论如鞅论、模糊数学、非线性动力学等。② 更为明显的多学科交叉趋势。福利经济学中的期望效用理论与金融经济学中的财务收支平衡原理的交叉运用，管理学、数理统计学，以及计算机科学等交叉形成了精算科学技术。③ 更为广泛的应用领域。在金融投资、银行系统和社会保障部门，精算技术都得到了广泛应用。但无论是新险种的设计开发，还是费率厘定、索赔储备金计算方法方面，国内的农业保险方面的精算研究与国外发达国家相比仍存在一定差距。我国目前尚没有严格意义上的政策性农业保险精算专用模型，如何厘定出适合我国国情的农业保险产品价格是一个重大的研究课题。

2.3 国内外主要农业风险管理实践方法综述

2.3.1 农业风险管理实践方法比较研究

纵观世界各国的农业风险管理经济工具，不难发现农业生产者的自留策略与风险共担策略是农业风险管理中的两大主要策略。自留策略是指农业生产者通过生产风险低的农作物，实行多样化种植养殖来管理风险；风险共担策略指的是农业生产者选择包括订单农业、期货市场、共有基金以及农业保险等措施转移和管理潜在的农业风险。国内外行之有效的农业风险管理实践方法主要包括以下大类：

1）农业保险

分担风险、分摊损失是农业保险的基本原则，即同等风险条件下，那些少数遭受损失农户的经济损失由大多数未遭受损失的投保农户均摊。作为一种分散农业风险和农业损失的有效手段，在国际上政策性农业保险已成为重要的非价格保护农业的工具，然而农业生产风险高、灾害损失率高，同时农民的实际支付能力又较低，因此不得不具有很强的政策性。政策性农业保险是以保险公司市场化经营为依托，政府通过保费补贴等政策扶持，对种植业、养殖业因遭受自然灾害和意外事故造成的经济损失提供的直接物化成本保险。作物保险是以人工种植的各种农作物为标的的保险，包括粮食作物保险（主要承保谷类、麦类、薯类和豆类作物）、经济作物保险（主要承保棉花、麻类、油类、甘蔗等糖类，烟和药用类作物）和园艺作物保险（主要承保瓜果、蔬菜和花卉等作物）。农作物保险可只承保一项风险，也可承保混合责任和一切风险责任。在保险标的上，可以是农作物收获量产值的保险（由于作物受灾损失，其不足保额部分由保险公司赔偿差额），也可以是农作物生产成本保险（以种植作物的生产成本为保险标的，保险公司负责在种植成本费范围内对作物遭灾后的实际成本损失给予赔偿）。Goodwin和Glauber指出，国际保险和再保险不愿或没有能力来为那些与少量保单所有者的相关系统性风险提供农户支付得起的保险。张峭对农业风险综合管理提出打破传统“一省一费率”的理论框架，避免了单一费率的保单交易成本高昂等问题。首都经济贸易大学教授、农村保险研究所所长庹国柱表示，风险要和保费匹配，风险大的区域应该有较高的保费，相应地，风险小的区域保费要低。我国各省份区域范围大，内部地形、气象、土壤等条件差异显著，“一省一费率”显然和各地区的实际风险不匹配。他提出我国各省份应根据当地具体情况，自行确定保险范围、保障水平以及补贴原则和标准。

2）灾害救济

如果说农业保险可以作为事前的和有偿的农业风险保障政策，那么灾害救济则是在损失发生后提供的免费的风险保障。这种免费补偿性质的灾后救济措施很难与其他农业风险管理策略相协调，尤其是农业保险制度下，当农户可以自愿选择购买保险时，灾害救济措施往往会严重影响到农民投保的积极性，原因是农民对一旦遭灾即获得救济存在侥幸心理和依赖性。由于农业生产是弱质产业，农业生产遭受非人为风险因素影响的概率极大，免费的灾害救济投入对国家财政无疑是一项严峻的挑战，重大灾情发生时政府救济只是杯水车薪，并没有形成确实有效的内部风险规避机制。以2022年为例，我国受极端灾害天气影响，发生珠江流域性洪水、辽河支流绕阳河决口、青海大通及四川平武和北川山洪灾害、长江流域夏秋冬连旱以及南方地区森林火灾等重大灾害，农作物受灾面积12 071.6千公顷，直接经济损失2 386.5亿元。由此可见，面临系统性风险时，绝大部分损失终将由农民自己承担，许多农户为了规避系统性风险往往选择低收益、低风险的农业生产经营项目，这极不利于农民收入的增加和农业经济的稳定。如何将国家灾后救济的无奈举措合理地转换为灾前保险补贴这一最有效的手段，并通过切实有效的农业保险政策体现其乘数效应，已成为目前国内学术界的研究重点。

3）价格保护

价格保护是政府将保护价格规定在一个适宜的水平上，基于此，缓解市场价格的异常震荡从而保护农民收入的稳定性与合理性，进而协调好农业生产者、农产品消费者与国家三者之间的利益关系。同时，实行农产品的价格保护政策必须具备两个必要条件：第一，物质条件，即实施价格保护的农产品必须有充足的储备库存量；第二，资金保证，政府必须对实施价格保护的农产品进行相关费用补贴，或者通过市场风险基金等渠道进行调节。可见，一个国家的经济实力决定了这个国家对本国农业的保护力度。目前，世界各国都纷纷出台关税价格等经济手段对本土农业和农产品进行价格保护。我国资源有限且人口众多，确保国家粮食安全具有非常重要的政治意义。2022年，我国圆满完成了全年粮食产量保持在1.3万亿斤以上的任务，粮食产量连续8年站稳1.3万亿斤台阶。但由于消费结构不断升级和资源环境承载力趋紧，粮食产需仍将维持紧平衡态势，国家粮食安全形势依然严峻。对农业进行过度保护不再符合国际潮流。

4）订单农业

订单农业又称合同农业、契约农业，是近年来出现的一种新型农业生产经营模式。订单农业对提高农民收入的稳定性具有很大作用，不仅能够为农户在信息技术获取、产品销售渠道以及资金周转等方面提供支持，还有利于降低农户进入农产品交易市场的直接交易成本，并稳定农业市场。国外有学者的研究表明，订单农业也可能直接或间接地给农户生产带来一定风险 。目前，“互联网+”订单农业的模式能有效缓解农产品产销不对称的问题。然而，农业发展面临着多重风险，订单农业也不例外。订单农业风险分为两种，一种是受自然影响，另一种是受人为影响。政府必须要为其顺利发展创造优质的外部环境，只有这样才能降低订单农业本身所具有的风险。因为农业受自然灾害影响较大，农民的生产有可能因为天灾而出现订单无法完成的情况，或者当减产时，农民违约不卖给收购方。此外，当市面上产量过剩时，市场价格低于订单合同价格，收购方也可能出现违约情况。而人为风险是指要防止农业生产“大起大落”，农业生产经营规模太小太分散，容易出现大家“一哄而起”“一哄而散”的现象，如此前发生的“蒜你狠”“姜你军”“向前葱”的情况。可见，在合理运作的情况下，订单农业可以作为农户规避市场价格风险的一种有效手段。

5）期货市场

期货市场主要是为避免农业产品从生产到市场销售过程中发生不利的价格波动而引起损失，采用“套期保值交易”的形式①，将农产品的市场销售价格预先确定在一个稳定的交易价格水平。规避农业生产风险对保障粮食安全、防范规模性返贫至关重要，传统农业保险仅能对自然风险进行有效规避，对市场风险束手无策，“保险+期货”模式的出现为解决该问题提供了新思路。经营主体多元、产品种类丰富、定价机制完善和风险对冲灵活是美国“保险+期货”模式助力农业发展的突出优势和显著特征。但中国与美国等国际成熟市场存在明显差距，中国面临农产品期货发展不充分、国际化程度不高、区域农产品市场规模小、

---

① 套期保值交易是指在期货市场中建立交易部位来替代现货市场中的已经进行的或将要进行的实物交易，为了用一个市场的盈利来弥补另一个市场的亏损，在期货市场中建立与现货市场方向相反的交易部位来转移和规避市场中价格风险的交易行为。

“保险+期货”模式有待深化等问题。农产品期货市场要通过巩固市场发展基础、创新农业服务机制、增加特色新品种供给、完善现有保障模式、扩大对外开放等措施，提升服务农业农村现代化的深度和广度。同时，相对于保护价格，农产品期货有利于减轻财政负担，但对农户的商业素质和农产品交易市场的发育程度有较高要求，往往遭到我国农户的规避。美国的农产品生产者、加工者和中间商们都积极参与期货交易，由于存在品种丰富的农产品期货，交易总量甚至可以达到实际产量的10倍以上。Keith H. Coble对农业保险和套期保值交易的关系进行了详细定量研究，发现作物单产保险产品与套期保值的关系是互相补充、互为促进的，美国的作物收入保险对套期保值具有消极作用。美国的芝加哥商品交易所的农产品期货规模最大，每年的农产品交易品种达20种以上，成交量也高达2亿手以上。而在国内，郑州、大连两家商品交易所仅仅上市了少数品种的农产品期货，虽然发展前景可瞻，但农产品期货市场的发育程度仍然不足。除此之外，世界各国普遍采用的农业风险管理策略还包括农业信息服务、农田水利的投资兴建、信贷补贴、紧急贷款以及积极研究并推广抗病虫害和多样化种植等。

2.3.2 评述

通过对国内外农业风险管理方法研究现状的综述，可以得出以下结论：

（1）随着国内外经济形势的变化，农业风险的类型也得到更新和发展，体现出复杂性和多样性的发展趋势。虽然风险管理中农业保险的低效性已经得到了国内学者的多方面论证，但突破的具体有效方法研究还比较缺乏。近年来，国内多数学者顺应国际潮流，转向对市场风险以及“保险+期货”模式的运行机制进行了大量研究，但对我国小规模农户面临的生产风险规避问题缺乏深入研究。事实上，农户面临的风险种类和所选择的规避风险方法密切相关。发达国家具有粮食生产企业性质的农业生产者收入很高，与发展中国家的小规模生产农户面临的农业风险有着明显的差别，需要针对我国农户作物生产面临的风险进行预测及研究。

（2）由于农业风险的不纯粹性导致保险费率难以厘定。自然灾害往往造成一个区域都面临农业风险，农业巨灾风险发生的可能性较高，巨灾带来的高损失率必然带来高赔付率，农业保险公司往往为了自身的发展不得不提高农业保险费率。一般情况下，财产保险的费率一般在万分之几，而农业保险费率却为2%~15%，如果按全部农业保险成本确定保险费用，农民根本无力承受。这样一来使得一些农业风险基本上不符合可保条件的要求，农民参保率较低，其可保性较弱，难以满足农民发展农业的基本需求。农业再保险通过风险分散机制有利于分散风险，降低农业保险原保险公司的风险，促进其开发更多的适合农业发展需求的保险品种。

（3）农业风险策略的多样性研究并未完全以风险分散为基础，尽管涉及农业补贴、价格保护、信息服务和多样化作物种植等诸多方面，但研究目的往往并非以农业风险的防范为主。庹国柱等学者指出，如果一个地方的费率定得偏高，则要协调各方降低费率；如果费率定得偏低，则会一定程度上造成保险公司的亏损，需要建立动态的调整机制，这需要实践来验证。农户的利益要保证，也要考虑政府的补贴力度、保险公司的情况等。总之，各方都需要一个适应的过程。这些问题构成了本书基于农业风险评估为切入点的农业保险定价研究基础。

2.4 国内外农业保险研究进展比较综述

国外从20世纪30年代就已经开始对作物保险在农业经济领域的理论进行研究，尤其在80年代后，随着美国农业保险制度的一系列改革，农业保险逐渐替代传统的救灾政策，形成了从各个角度对MPCI保险产品的多篇研究成果。其中，Joseph W. Glauber（2004）的研究发现农业保险中逆向选择、道德风险和气象多变性问题的存在，从而产生了对保险精算的需求，同时，其指出精算的缺失与不合理的费率制定是导致美国农业保险在20世纪80年代问题成堆、农户参保率低下的主要原因。90年代以后，相关研究主要集中在农户保险参与率低的原因以及农业保险精算技术方面，如费率厘定、农业保险产品定量比较和微观技术等。由于美国等发达国家农民在作物生产的结构、规模以及财富存量等方面与中国农民存在实质性的差异，因此，对于美国作物保险方面的研究结果并不完全适合如今的中国。

国内的农业保险理论研究起步于20世纪30年代，由于各种原因我国农业保险的研究在50年代到80年代初进展缓慢。1982年，中国人民保险公司农业保险业务恢复承办。90年代初，我国农业发展水平与农户收入水平偏低和相应农业保险居高不下的费率之间的矛盾、农业保险中农业风险的特殊性与核灾定损的复杂性引起了国内学者的关注，研究热点集中在对农业保险的外部性、农业保险需求和农业保险市场失灵方面。近些年，政策性保险和农业保险补贴及费率厘定合理性问题被广泛研究。我国农业保险目前存在的主要问题包括如下方面：（1）农业保险立法不足，制度不完善，导致农业保险管理及经营不规范；（2）农业保险产品单一、覆盖品种少；（3）农民对农业保险认知少，非政策推动则购买意愿不强；（4）农业保险覆盖面小、保障程度不足；（5）尚未建立农业巨灾风险分散体系。

2.4.1 国内外农业保险需求与意愿比较研究

在国外的农业保险需求与支付意愿研究方面，许多国外学者认为在一定范围内农户的收入水平与保险需求之间存在显著的正相关关系。美国学者Goodwin和Smith测定出美国农民对农作物保险的需求弹性范围位于-0.2~-0.92之间，表明农作物保险的价格昂贵但期望收益不高，造成农户农业保险缺乏有效需求。保险费率、保障水平、平均总收入、灾害风险程度、农户受教育程度、农户务农年限以及风险管理方法等因素为农户是否参保的主要影响因素。Bruce J. Sherrick等利用二阶段最小二乘法对影响农户的险种选择与农业保险参保影响因素进行了大量的数据分析，研究结论显示：农户家庭人口数和结构变量对农业保险的险种选择具有较大影响，农场经营历史越悠久、规模越大以及经营收益越高，其投保农业保险的可能性越大，户主的年龄、农场规模以及可预见单产风险的边际效用对农户农业风险管理方法的选择具有显著影响。Serra和Goodwin等研究发现由于农业保险新产品如作物收入险的产生，使得从90年代开始美国农户的农业保险保费需求弹性变小，同时由于政府提高补贴比例并实行差别费率补贴政策，大大降低了农户对保费变化的敏感度。这与我国学者的研究结论有所不同，随着我国农民收入的增加，对农业保险的需求会越来越高，这可能与中国绝大多数农民属于中小规模农户有关。

国内许多学者认为政府补贴是提高我国农户农业保险意愿的主要因素，我国农业保险补贴政策对农民人均纯收入和农民家庭经营纯收入有显著正向影响。陈泽育等学者利用PCE模型以湖北省兴山县烟叶保险为例，测算得出影响我国农户保险支付意愿的主要因素包括保险认知程度、农户年龄、自然灾害造成的平均损失金额和家庭年纯收入。同时他还测算出了保额为每亩100元时，农户对烟叶保险的平均支付意愿值为6.43元/亩。而农业保险因赔付“生态”被打破并未实现“真赔”。解决这一问题，要加快实现科学定损与理赔、简化业务流程、明确政府定位、规范市场秩序，这样才能真正提高农户的投保意愿和保险效率。

2.4.2 国内外农业保险价格补贴问题比较研究

对于农业保险补贴问题，国外学者早就进行了相关讨论。Chi Chung Chen通过建模分析出政府补贴已成为推动农民投保农业保险的重要原因。而为了增加农民整体支付能力，国外许多国家采取直接对农民的农作物保险费率给予补贴的方法。美国联邦政府提供给投保农场主的保费补贴为50%~80%。例如，美国棉花在世界棉花市场上占据重要的地位，与其个性化、多样化、覆盖范围广、保障程度高的棉花保险政策密不可分。美国、日本、加拿大、韩国等政府对本国农业保险管理费用也提供补贴，美国联邦政府向私营保险公司提供的业务费用补贴比例高达34%。在农业保险高补贴、高保障的国家，如美国、加拿大等发达国家，可能促使作物供给曲线右移的保险产品往往是农作物收入保险产品。2021年，美国农险保费收入为143亿美元，同比增长了37.8%，如此高昂的成本，似乎发展中国家是难以仿效的。美国的农业保险补贴政策并不在于增加农作物产量，而是建立全国农民收入的安全网。美国农业法案报告中农业保险对于农业生产和作物产量的影响其实一直都没有得出明确的结论。我国学者结合西部12个省份2010—2020年农业保险保费收入与支出数据，构建固定效应模型实证分析了农业保险对西部地区的减贫效应，结果表明财政补贴主导的政策性农业保险能够显著缓解西部地区的相对贫困问题。在保险市场失灵理论和我国收入普遍较低的小规模农业生产方式的前提下，我国学者对政策性农业保险制度理论提出了质疑，认为传统政策性农业保险理论以农业保险的外部性、准公共产品性质作为基础从逻辑上并不严密，指出以农业保险需求不足理论引发的市场失灵理论也不严谨，提出政策性农业保险实质上是一种支农政策，这种政策与其他支农工具一样可以在不同程度上提高农户福利。

假设没有农业保险时，农产品的供给曲线S_0与需求曲线相交于点A（如图2-1所示），此时的均衡市场价格应该为P_0，ΔP_0AE与ΔP_0AO的面积分别表示消费者剩余和生产者剩余。当引入无补贴的农业保险后，其保障作用使农产品供给数量增加而价格下降，导致供给曲线必然向右下方移动变为S_1。但因为农产品需求通常缺乏弹性，供给曲线的下移使价格下降，均衡市场价格由P_0降到P_1的位置，消费者剩余和生产者剩余也随之分别转变为ΔP_1BE与ΔP_1BO。显然，价格降低使消费者剩余比原来增加了P_0ABP_1，使生产者剩余增加了$\Delta P_1BO - \Delta P_0AO$，而对整个社会来说，社会总剩余（消费者剩余与生产者剩余之和）的增量就是ΔABO，虽然生产者剩余的增量$\Delta P_1BO - \Delta P_0AO$正负未知，但整个社会总剩余增量$\Delta ABO$的面积总是正值。这说明引入无补贴的农业保险后可以提高整个社会的福利，ΔABO衡量了引入无补贴农业保险产生的社会福利价值。

事实上，在农业保险补贴政策未实行之前，农户投保率极其低下，然而社会福利增量（ΔABO的面积）又取决于供给曲线S_1的下移程度，即农民投保程度与需求弹性的大小，因此，如果政府提供保费补贴而使农民投保率提高的话，农产品供给弹性就会增大，使供给曲线进一步下移到S_2（如图2-1所示），政策性补贴引起的均衡产量由Q_1相应地增加至Q_2，从而农产品价格进一步下降至P_2，消费者剩余逐渐增大到ΔP_2CE，生产者剩余P_2CO则逐渐减少，直到生产者剩余的增量$\Delta P_2CO-\Delta P_1BO$变为负，此时，农民收入和农业的平均利润下降。显然，补贴后生产者和消费者剩余增量ΔOBC小于补贴的成本P_2CHG的面积。

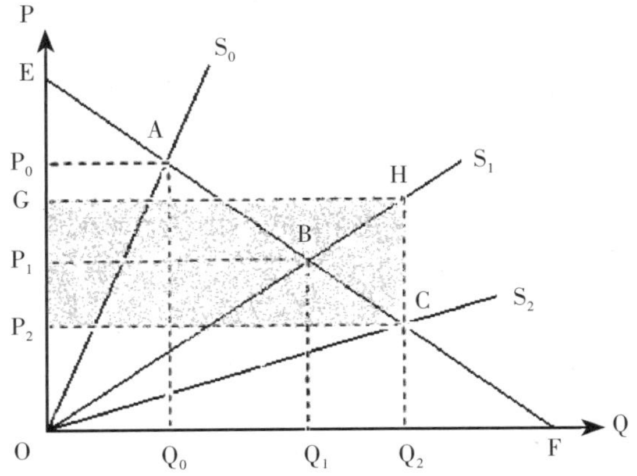

图 2-1 政策性农业保险补贴效率分析

当然，也有学者对农业保险引起农产品供给曲线下移提出质疑，与Glauber在美国农业法案的报告总结中持有相同的观点，我国学者也发现农业保险效率分析忽略了政府补贴成本因素。实际上，无论是生产要素还是保费补贴所引起的供给增加现象，都会带来社会福利的无谓损失——图 2-2所示的阴影部分的面积，具体分析此处不再赘述。

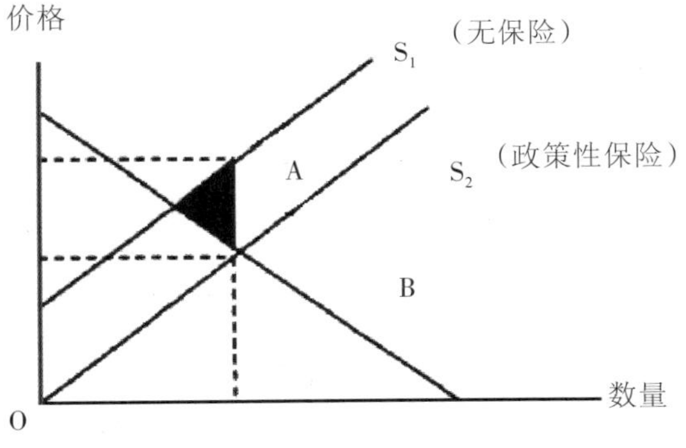

图 2-2 政策性保险补贴的社会净损失

本书所持有的观点是，政府对农业保险的补贴行为可能会造成一部分社会净损失，但这部分净损失已经通过政府补贴的形式转移给保险公司，因此，政策性农业保险是政府通过分别对农民和保险公司补贴保费与管理费用的方式对社会资源进行合理的再分配过程，这一过程的结果是消费者获得更多消费者剩余，农民可以通过支付一定份额的保险费把生产风险降到最低程度，当农户投保需求得到满足、达到了一定的投保率时，保险公司就可以通过经营农业保险获得政府的补贴剩余，最终社会福利才能够在这种经营活动中实现最大化。这一观点与庹国柱教授不谋而合，他指出保险费补贴额和补贴率主要取决于纯保险费率、保障水平高低、政府的政策目标和财力以及农民对保险产品的购买意愿。因此，政府通过科学、合理地实施财政补贴政策，能够从根本上解决农业保险产品的外部性引发的需求不足与供给不足问题，实现政策性农业保险市场的健康有序发展。

国内学者从保险需求和供给两方面阐述实行政策性农业保险价格补贴的重要性，提出以培育农业保险市场作为农业保险补贴政策的直接目标，关注地区空间异质性应优先于农户需求差异性等。如图 2-3所示，假设投保农户的边际私人收益为 MB_P，为社会创造的边际社会收益是 MB_S，利益外溢使得 $MB_P < MB_S$，当农户按其私人边际成本等于边际收益的原则来确定均衡数量 Q_1时，显然 Q_1小于社会的最佳均衡数量 Q_2，会引发保险产品的有效需要，从而产生了 Q_2-Q_1的差距部分。此部分需求不足就要通过政府补贴保费的方式来弥补。

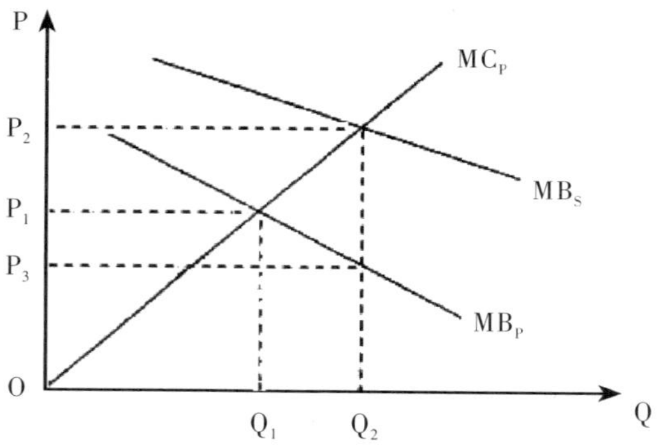

图 2-3 农业保险外部性与有效需求不足

如图 2-4 所示，假设保险公司经营农业保险的边际私人成本为 MC_P，如果政府不给予保险公司管理费用补贴和资金、税收优惠等政策性的扶持，保险公司的边际私人成本 MC_P将远远高于边际社会成本 MC_S，同理，当保险公司按照其私人边际成本等于边际收益的原则确定均衡数量Q_1时，显然小于社会最佳均衡数量Q_2。这里只是假设满足投保率基数要求，且保险公司的边际私人收益等于边际社会收益的情况，如果考虑收益外溢及投保率不足的情况，则保险公司的最佳供给量与社会期望的最佳供给量差距将更大。为了满足社会均衡，保险公司根本无力承担将价格从P_1调整到P_2带来的经济损失，此时，如果政府不能及时给予一定的保险储备金及管理费用补贴等政策支持，Q_2-Q_1的差距势必无法弥补从而导致有效供给有限，农业保险市场失衡。

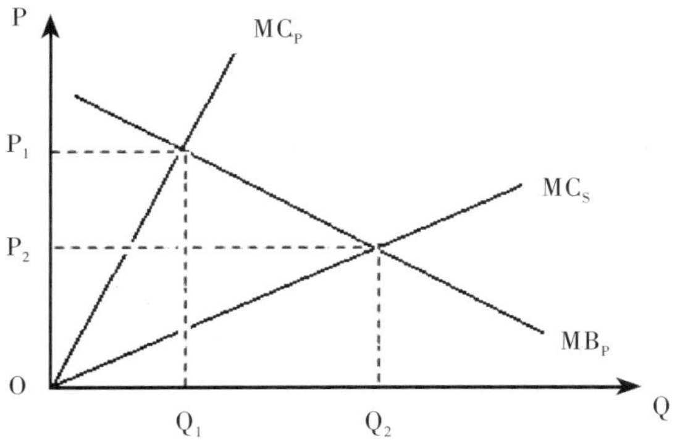

图2-4　农业保险外部性与有效供给不足

通过以上分析可知，由于农业保险同时具有内部私人效益和外部的社会效益，因此对农业保险的价格补贴问题不得不考虑到政府的补贴范围和规模。设定农户内部私人效益需求曲线为D_P，表示社会外部效益的需求曲线是D_E，那么社会总需求曲线D_S就可以表示为D_P与D_E的横向加总，如图2-5所示。

若只考虑农户内部私人效益而不给予补贴的情况下，农户私人需求曲线D_P与供给曲线S的交点A确定的市场均衡数量为Q_1，均衡价格为P_1，由于未考虑社会需求，因此均衡点A是无效的。显然，只有当兼顾农业保险产生的私人内部效益与外部效益时，通过政府财政补贴介入，社会总需求曲线D_S与供给曲线确定的市场最佳均衡点移至点B的位置、市场供求的均衡数量为Q_2，才能实现最优的社会资源配置效率，达到社会福利最大化。具体政府补贴最优规模见后文的分析结论，这里暂不赘言。

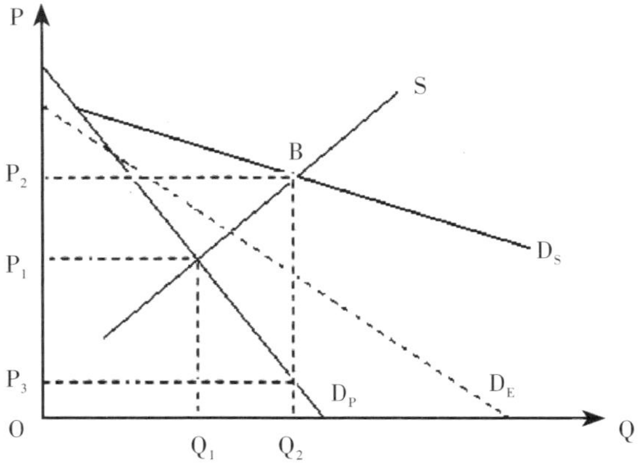

图 2-5 政策性农业保险保费补贴规模

综上所述，政策性保险补贴对于保险价格制定的科学性、合理性具有至关重要的影响。虽然新一轮政策性保险试点已取得一定效果，但制约我国农业保险市场发展的瓶颈依然存在，农业保险经营技术落后主要表现为风险监测、价格精算、补贴方式和定损理赔的技术落后。政府补贴比率的高低也会影响我国农户的保险需求与投保态度。目前，财政补贴压力正在不断加大，政府在补贴政策落地与监管方面存在一定问题，使得各地区的补贴纯技术效率未达到最佳状态。可见，农户多元化的保险产品需求使得保险补贴费率应该是多元的，同时合理的保险补贴比例应建立在科学、合理作物保险费率厘定基础之上，现阶段单一费率与单一补贴率的政府补贴模式导致财政支持下农业保险政策实施受阻，未来将强调各省财政部门会同相关部门指导费率调整，相关部门“适时发布农业保险风险区划和风险费率”，使保险费厘定和调整更加科学有据，为今后科学公平的差异化费率制度的建立打下政策基础。这是本书要解决的问题。

2.4.3 国内外农业保险产品价格成本与风险规避效果定量分析比较研究

近几年，国外对各种农业保险产品价格成本与风险规避效果的比较研究日益增多。针对传统的农业保险交易成本高昂等缺点，许多国外学者指出一个解决的替代办法是推行指数保险。Calum G. Turvey 和 Zahirul Islam分别对区域指数单产和以个人为对象的传统单产保险的价格和实施效率进行了比较与分析，其结果与Zhangliang Chen等学者基于美国联邦作物保险计划的研究结论一致，虽然区域单产保险的价格低于传统单产保险，但传统多保障水平的单产保险的风险规避效果要好于区域单产保险。Barry J. Barnett等学者指出区域指数保险实际上存在“基差”风险，因而具有赔付滞后的缺点。其比较了传统农场单产保险和区域指数单产保险的风险规避效果，结论表明对玉米生产农户来说，区域指数保险对风险规避的效果好于传统农业保险；对甜菜生产者来说，有半数农户的区域指数保险逊色于传统的单产保险。张卓、刘杰的研究启示我国应围绕农业结构调整，通过“歧视性”承保与补贴政策鼓励农民参与，从而降低价格成本、提高保险效率，保险公司也应对不同作物规定不同的自保范围。邢鹂等指出我国开展的农业保险产品有保障水平单一、实际价格成本高、风险规避效果弱等诸多缺点。王超则从供给侧角度实证分析，提出应从农业保险产品创新、强化产品开发精算支撑、完善农业巨灾风险分散机制以及建立农业保险信息共享机制等方面提出具体建议。《稻谷、小麦、玉米成本保险行业基准纯风险损失率表（2020版）》（以下简称《纯风险损失率表》）的正式发布，意味着我国开始以地市为单元评估农业保险风险，挥别了“一省一费率”的定价模式，许多学者认为它可以更精准地描绘农业生产风险，使各地区农险定价趋于科学合理，但必须建立动态调整机制，以更符合各地的实际情况。笔者认为，针对我国普遍开展的MPCI产品精算基础薄弱、实际价格成本高的现状，在国家实行提高保费补贴政策分担农民负担之际，当务之急应该突破传统单一保障水平作物保险保费定价模式，借鉴国际先进精算技术，进行不同保障水平的动态作物风险评估与保险费率厘定，提高政策性农业保险规避农业生产风险效率。

2.4.4 国内外作物风险评估与保险费率厘定方法比较研究

Goodwin和Olivier Mahul研究了如何减少农业保险逆向选择和道德风险问题，以此提高农民的投保积极性。其指出措施之一是运用精算技术，针对不同风险程度的“人群”厘定保费。保险产品的推行效果很大程度上取决于保险费率厘定的合理性，费率的厘定过程其实就是确定风险损失发生概率和损失分布的过程。对于作物单产风险评估，国外学者提出了除正态分布外的多种参数分布模型，如Weibull分布、Beta分布、Gamma分布、双曲线arcsin分布、指数分布等。Ramirez等综述了以往的作物单产分布模型，认为应根据研究地区特点选择农作物单产分布的类型。近年来，对分布假设要求相对宽松的非参数模型，以其灵活、准确模拟的优势日益受到学者关注。然而，Barry K. Goodwin 和 Olivier Mahul研究发现，非参数密度分布估计模型在小样本条件下缺乏稳健性。Caterine P. Lawas等学者将农作物保险费率的厘定方法系统归纳为经验费率法、实际历史产量法和单产分布模型推导法。前两者是将个人或地区的历史损失率平均值作为预测当年损失率的一种方法，该方法可以提高费率厘定的精确性，适用于有完整、长期单产数据的情况；后者是指利用概率理论和统计学方法，估算单产波动的概率密度函数，再利用损失风险概率进行费率厘定。该方法数学推理性强，适用于无完整历史单产数据的情况。目前，在国际上，处于农业保险精算前沿领域的是利用生存分析法进行作物单产分布模型推导，美国的作物保险计划正是采用该方法为作物保险厘定多保障水平的保险费率，Wang E. 和 B. B. Little等学者研究发现生存分析法能有效解决作物生产风险度量与差别费率的精算问题，并且对于纯费率的厘定加入了巨灾风险费率的厘定过程，使财政支持下的农作物保险纯费率得到更合理的评估结果。

近几年，国内学者对作物风险评估和费率厘定方法的研究也进行了多方面的尝试。鉴于准确厘定农业保险费率在保障农业保险持续健康发展中的重要性，学界围绕农业生产风险的科学评估和农业保险精算开展了大量研究，但尚不完善，评估结果仍存在较大不确定性。为提高农业保险定价的可信度，推动我国农业保险精算技术的发展，本书对国内外学界关于农业生产风险评估和农业保险费率厘定的最新研究进行了综述，在文献梳理的基础上分析了农业保险费率厘定不确定产生的根源及应对之策。叶涛等学者针对《关于加快农业保险高质量发展的指导意见》深入研究农业保险风险区划，并提出当前应支撑各级行政单元的费率厘定，配合实际需求计算不同保障水平的费率。数据的稀缺性、技术问题的模糊性以及风险评估和保险定价的空间不匹配性是造成农业生产风险评估和农业保险费率厘定结果存在不确定性的主要原因，提高农业保险定价结果的可信度成为国外学者最新研究的方向。本书的研究结果可为新一轮农业保险区划工作提供重要量化依据和技术支撑。依据《纯风险损失率表》，我国水稻的纯风险损失率值为1.4%~7.5%，呈现由北向南高—低—高的总体规律，低风险地区分布于北京到腾冲联线两侧；玉米纯风险损失率值为1.5%~9.9%，呈现由东北向西南方向降低的总体规律。值得注意的是，整体风险损失率并不能作为区域农业保险价格制定的标准，由于无法证明一省之内的产量完全相同、成本无差别，《纯风险损失率表》仅可作为农业保险风险区划和费率分区的参考。降低农业保险费率厘定不确定性、提高农业保险定价信度需要依靠大数据技术，融合多种数据资源，但农业保险的精算定价并不能完全解决逆选择问题，还需要提供更加多样更具有弹性的农业保险产品进行配合。Erda W 等学者通过江西和湖南等省份作物保险试点的实证分析，指出生存分析法可为中国区域农业保险费率的厘定提供一种新的可供选择的方法。

2.4.5 国内外农业再保险实践比较研究

农业再保险是指保险公司为分散风险，通过订立再保险合同，将已承保的农业保险业务风险以分保的形式转移给其他保险公司，实现风险在更大的范围内分散。学者通过对美国、加拿大、韩国、日本、印度等国家的农业再保险发展模式的研究，发现国外在完善农业再保险立法并加大农业再保险监管力度等方面取得了显著的成果。例如，日本的共济制农业保险补偿制度具有稳定性、充分性、可持续性等特征，体现了“多级分散”与“政府兜底”的农业保障政策理念。除此之外，世界各国政府普遍开展再保险业务，目的是利用投保农户之外的风险组合抵消农业系统性风险。印度已形成“国家再保险为主、商业再保险参与”的再保险格局，并建立了“成熟分保为主、政府财政兜底”的大灾风险分散机制。我国学者从宏观角度分析，认为农业再保险作为农业多元化风险分散机制的一个重要组成部分，对应对农业风险有着不可替代的作用。农业再保险又叫分保，是保险公司将农业保险业务向再保险公司或有再保险资格的公司再投保来转嫁保险责任和风险。2020年，财政部、中国再保险（集团）股份有限公司、中国农业发展银行、中华联合财产保险股份有限公司、中国人寿财产保险股份有限公司、北大荒投资控股有限公司、中国太平洋财产保险股份有限公司、中国平安财产保险股份有限公司、中国人民财产保险股份有限公司共同发起筹建中国农业再保险股份有限公司。国内学者从农业再保险形式、风险分担、农业保险机制角度对农业再保险进行微观角度分析，发现农业再保险可以使受灾农户得到更多的保障，客观上提升了受灾农户的收入水平，有助于提高农民从事农业生产的积极性。完善的农业再保险制度是我国深入推进农业保险转型升级的前提，也是金融助力乡村振兴的关键环节。应在完善农业再保险体系的基础上以差额式赔付模式提高我国农业保险保障效果。

2.4.6 评述

虽然政策农业保险作为农业风险管理的重要手段之一，已成为了学术界的研究核心，然而在实际应用方面并未取得有效的突破，这一点从国内农业保险的实施现状可以清晰地反映出来。我国目前采用的农业保险纯费率厘定方法由于政策性业务的特点，各省份主要农险产品的费率厘定不是以保险机构风险定价为主，而是由财政部门、农牧部门、保险机构等农险市场各方协商确定，主观判断对费率厘定影响较大，产品定价的科学性不足。多数国内学者缺乏建立在多个保障水平下进行费率厘定的研究，并且均未能对政策性农业保险中涉及巨灾风险因素的作物保险纯费率进行厘定。农业风险在省内各区域分布是不均衡的，农业保险采取单一保障水平的统一定价方式，不能客观反映各区域实际风险状况，表现为高风险区域的农户获得了高性价比保障，投保更加积极，低风险地区农户则因保障性价比偏低而选择不投保，产生投保逆选择。由于缺乏对巨灾风险费率的厘定过程，纯费率厘定的合理性受到质疑。近几年研究比较集中的核密度非参数估计法虽然不需要事先假定先验函数，对基础费率厘定的弹性较好，但制定保险补贴比例和政策实施的针对性不强。目前，各种研究方法均偏重基础费率厘定，欠缺政府的保费补贴比例以及保险储备金的厘定，因此不能直接作为政府支持的农业保险的最佳方法，限制了政策性农业保险的横向发展。因此，作为现代农业发展和乡村产业兴旺的“安全网”和“稳定器”，农业保险的保障水平需要进一步提高。同时，走中国特色的农业再保险道路要进一步拓宽农业再保险的职能，建立农业保险风险分散基金。

2.5 财政支持下的美国作物保险定价实践历程研究

虽然全球有40多个国家正在推行农业（或农作物）保险政策，但这些国家有着不同的背景或政府目标，因此形成了各自不同的农业保险实施经验。美国的农业保险政策最具有代表性，尤其是1984年和1996年两次重新修订《作物保险改革法》以后，农业保险精算技术日臻完善。美国于2001—2011年耗资76亿美元完善其农业保险的研究和开发，农作物保险赔付率呈逐年递减的趋势。2014年，美国对新农业法案中农业保险定价及政策进行了修改，允许2015年开始某些地区可以在水浇地与非水浇地上种植某些作物品种，并鼓励选择不同的投保水平投保农业保险，此举充分体现了生产者购买农业保险的自主性，农户可以根据自身土地自然禀赋选择适合的风险管理措施。同时，为了有效管理巨灾风险，新农业法案规定只有在巨灾保险之外购买了作物保险的生产者才可以对水浇地与非水浇地选择不同的投保水平，只购买巨灾风险的生产者不可以将水浇地与非水浇地分开购买保险。参加高风险土地排除计划的农地不允许参与此项计划，参加高风险交替保障计划的高风险耕地可以参加此项计划。

2018年，美国颁布《农业提升法案》，法案中农业保险部分的内容变动不大，只是根据新的发展形势对部分内容进行了修改。这些变化可以归纳为“提保障、促合作、降成本和强培训”。“提保障”表现在两个方面：一是要求开发新的保险产品或者将已有农业保险产品推广到未参保地区。将柑橘、牧草等品种纳入保险保障范围，要求研究开发针对热带气旋和飓风风险的保险、质量损失保险、柑橘保险、大麻保险、温室保险。二是提高巨灾保险的手续费标准，从每个保单的300美元提高到655美元，以此提高农业保险高保障选项对农场主的吸引力。出现这一变化的原因如下：尽管美国农业保险十分发达，为超过120种农作物和畜牧业品种提供了较为完善的风险保障，但农作物保险保障充分，畜牧业和园艺作物保险相对不足。

了解美国农业保险发展历程，总结经验并比较其农业保险运行现状与发展趋势，对探讨我国政策性农业保险相关定价政策的制定与创新研究有很大的借鉴意义。如今无论是联邦作物保险公司还是私营保险公司的业务都得到了美国政府强有力的财政支持，随着新的险种不断出台、保险成本不断降低、农业风险管理更加高效，最终国家和农户都将从中受益，使美国作物保险精算体系得到发展。尽管美国探索作物一切险保险定价体系的历程并非一帆风顺，但正是它一次次失败的尝试和成功的经验，值得各国关注和借鉴。截至目前，美国已试验开发了适用于100多种作物的保险产品，基本上完成了农业保险由传统向现代化的改革与演变过程。

2.5.1 美国作物保险的早期试验

美国历史上第一个尝试的农业保险产品是《联邦农作物保险法》开发的小麦保险。当时被保作物只有小麦一种，保障以往平均产量的50%~70%，保险责任范围是“干旱、洪水、冰雹、病虫害等其他诸如此类不可避免的灾害损失”，保费和损失赔付可以用小麦或等值现金支付。由于精算师缺乏经验，费率厘定过分依赖县级平均产量，鉴定保险合同太迟引发了逆选择问题，第一年有1/3的投保农户获得赔款，赔付率高达152%。相关部门总结了失败的经验后，在每个县选择50~100个产量数据比较完整的农场为代表样本，建立了“重点农场系统”①。但最初3年的经营情况还是一直令人失望，3年赔付了包括管理费补贴的财政补贴2 800万美元。

① 对某县投保农场的产量和损失成本进行评估时，只要将其与“重点农场”中条件类似的农场相比较，并用“重点农场”的数据进行适当调整即可。

1942年，美国增加了棉花保险，但碰到了类似小麦保险项目的问题，赔款仍远远超过保费收入。1943年，美国国会决定取消农业保险，并停止有关的农业拨款。1944年，修订的《农业调整法》获国会通过，农业保险随即恢复，并将保险标的扩大到亚麻。1945年，美国在15个县开办了玉米保险，在12个县开办了烟叶保险。玉米保险产品分两种，一种是产量保险，另一种是玉米生产成本保险。烟叶保险产品也有两种——生产成本保险和烟叶质量保险。1946年，为了减少逆向选择和销售保单的费用，美国开始试验3年期的小麦保险和棉花保险。自1946年起，可以按县平均产量确定一个县的统一费率，并按县费率承包所有农场的农作物。这一年也首次允许农民在最高保障水平限制内选择保险金额，农民可以较低保费购买较低保障。1947年，综合保费收入第一次超过了赔款。1948年，又试验了两个新的保险产品，一是在不相邻的4个县试推行不同耕作方式下的食用干豆保险，二是推出综合农作物保险，其赔偿是根据预定价格评估的保额（而不是产量）来确定的。1950年，美国遭受大规模严重旱灾，因为有了这些农业保险产品，避免了许多农民破产，证实了其对农业生产者的价值。1951—1952年的平均赔付率是97%，累计保费收入减去赔款还有225万美元的盈余。尽管准备金积累不如预期那么快，但这表明前期试验的农业保险产品开始在良性轨道上运行。

50年代，美国试验的农业保险产品数量没有增多，承保的农作物也没有变化，农作物保险开始稳定化，但在管理上有不少改进。例如，1957年以后的5年间，停办了科罗拉多州等14个灾害风险很高的地区的农业保险，投保终止日期的改进也减少了逆选择，全国试办的农业保险产品每年的赔付率都小于1。60年代，为了扩大保险业务，调高了保额、降低了费率，农民的参与率明显增加，但相应赔付率也有所提高。1970年，为了解决赔付率升高的问题，对许多产棉县的棉花保险产品提高了保费并降低了保额，棉花价格选择的上限也调低了，停办了一些赔付率高、参与者少的作物保险（例如土豆产量保险）。

1980年，美国试验的农作物保险产品仅用于不需要联邦财政补贴的地区和农作物，这虽然有利于遏制经营亏损，但它在农业生产中的保障作用就显得较小，这些保险产品只提供给全美50%地区的26种作物。但就在这些地区，农民的参与率也是很低的，投保的作物面积不过10%，占总播种面积的7%。

1980年，美国第12次修订《农作物保险法》，决定在前期试验的基础上，针对所有农业占主要地位的地区开发相应作物的农业保险产品，例如农作物一切险、火险和雹灾险。为了鼓励农民参加农业保险，该法规定，以作物平均产量的50%和65%为农民投保，政府补贴保费的35%。该法还批准举办一些特殊风险的保障项目，例如妨碍种植、野兽损毁、树木毁坏和病害、虫害保险产品。该法还决定依法研究和试验一些新的保险产品，如放牧区农畜中毒和疾病保险，由于使用农药而对蜜蜂的损害保险和其他有关水果、坚果、蔬菜、水产养殖、林业生产中特殊风险的保险产品。根据该法，私人公司可以申请参与农作物保险和保险产品的再保险，关系示意如图2-6所示，大多数产品都有政府补贴支持，但其中冰雹险为纯商业保险产品，完全由私人保险公司经营。据统计，在1981年，17家签约的在保险公司的保费收入达1 300万美元，约占保费总收入的4%，这是一个重要的转折。1980—1990年，美国加入农作物保险的州由39个增加到50个，承保的作物种类由30种增加到51种。

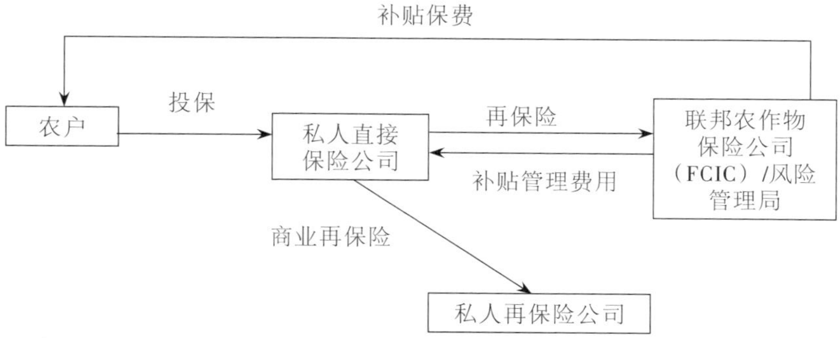

图2-6 保险关系示意图

2.5.2 保险产品的完善与价格补贴规则

事实上，美国从1980年开始全面推行的农业保险并没有发挥预期的作用，农民的参与率比预定的50%还有不小差距，保险产品的费率精算上存在不平衡的问题。本来美国的农作物保险产品作为政策性保险的工具，其经营目标是求得保费收入（包括政府补贴）与其赔付额维持平衡，并能建立起10%巨灾风险基金（类似于我国人保在20世纪80年代末提出的“不赔不赚，略有结余，以备大灾之年”的方针），但1980年至1992年，累计赔付率是247%。造成这种严重亏损的原因如下：①某些风险的风险单位巨大，对于高度区域化、专业化生产的美国来说，根本无法分散风险。②由于FCIC缺乏足够的信息资料来区分农场风险，采用统一费率导致逆向选择。③道德风险严重又无有效手段加以防范。④为提高参与率而设计的条款，提高了逆选择和道德风险的发生概率。

针对1980年以后存在的问题，经过连续几年国会的辩论，美国通过了《1994年农作物保险改革法》。依据该法确立的制度和原则，美国农作物产量保险产品进一步得到完善，新变化主要有以下几方面：

（1）考虑到“不交保费的保险”对农作物保险产品的替代作用，取消了“巨灾救助计划”。

（2）考虑到旱涝等巨灾的风险单位太大，推出一种新的保险产品——巨灾风险保障（catastrophic risk protection，CAT）。CAT的保障水平比较低，价格也很低，只提供生产者4年以上平均产量50%的保险保障。发生灾害损失后，其按美国风险管理局（RMA）每年的粮食预测价格的55%计算赔款。农户每年对于每种作物在每个县内（有的农场会跨县）只交60美元保费，每户每种作物所交保费不超过200美元，总保费不超过600美元。

（3）对原有的农作物一切险进行了改进，推出新的作物多种险保险产品（multiple peril crop insurance，MPCI），该产品可保前4年个人历史平均产量（actual production history，APH）的50%~75%，个别地区可保障产量的85%，赔偿按RMA预测价格的60%~100%计算，包括前面提到的提供最低保障的CAT以及基于较高保障水平的产量保险。

（4）为了有效防范逆向选择的发生，Harold Halcrow于1949年首次设想用某一区域，通常以某县的平均产量作为保险标的，后来经过肯塔基大学教授Skees和Barnaby的重新论证，由美国农业部推出一种指数型保险产品——区域风险保险计划（group risk plan，GRP）。它是专为大麦、玉米、棉花、花生、小麦、饲料等8种作物设立的。该保险产品的保额不按个人农场的历史产量确定，而是以一个县的预期产量的一定比例来确定，可选择的保障水平为70%~90%，只有在全县平均产量低于保险产量时，才能得到保险赔偿。也就是说，如果县平均产量在保险产量之上，即使被保险人的作物产量低于保险产量，也得不到赔偿。可见，当农户能够获得正常作物产量，而所在县的作物平均产量下降时，购买GRP保险产品是最有利可图的，因为此时农户没有遭受任何产量损失，但是却能得到保险公司的赔付；与之相比，若投保MPCI，当农户生产正常产量时，则不会从保险公司那里得到任何赔付。

（5）为了体现公平，专门为FCIC不可保农作物（主要有蘑菇、芹菜、胡萝卜、土豆、草莓、哈密瓜、花菜等23种农作物）设计了非保险农作物（NAP）灾害援助计划。当某地区的不可保作物平均产量低于正常产量65%、生产者个人的损失大于平均产量的50%时，FCIC即可按该作物市场价格的60%予以补偿。

《农作物保险改革法》出台后，使得农作物保险的参与率（投保面积占可保面积的比率）从前一年的38%一下子提高到创纪录的85%（其中单买巨灾风险保险产品的占44%，购买作物一切险保险的占41%）。两年后，CAT的购买率有所下降，不过随着MPCI产品的保障水平提高，MPCI的投保率上升到56%，包括CAT在内的总投保率已达到76%。值得一提的是美国农业保险的一个特例——冰雹险，也属于产量保险的一种，是一个完全由私营公司开展的纯商业性的保险产品，它是美国特定气候灾害环境下诞生的产物，已经有100多年的历史。该产品只对由冰雹引发的产出损失提供产量保障。与MPCI不同的是，冰雹险采用的期望产量并非APH，因此受到大多数农户的欢迎。冰雹险的免赔额从零开始计算，比MPCI低，该产品也提供5%、10%以及20%的免赔额，并且许多冰雹险合同都存在免赔消失条款，一旦损失达到90%，大多数投保人将得到100%保额赔付。一旦冰雹引发损失，许多购买冰雹险的农民立即就能得到赔付，而大多数的MPCI产品需要产量损失达到APH的25%才开始赔付。因此，许多农户经常同时购买冰雹险和MPCI产品。

由于私营保险公司的参与，新的保险产品也不断涌现，2014年，各州还试验了几十种针对不同作物的保险，如新苗圃保险、白菜种植收入保险等。作物生产边际保障计划（margin protection，MP）是一个基于区域生产数据的保险计划，当生产者的预期生产边际发生意外损失时将获得赔付。MP可以单独也可以与现行作物产量保险及收入保险项目一同购买，可以选择的保障水平为70%~90%。在MP的预期生产成本中考虑了柴油、农业贷款利率、肥料等因素，当参保作物价格下跌、区域平均产量低于预期、柴油等投入成本上升时，生产者均可能得到MP的赔付。MP可以为生产者提供一揽子的风险保障，包括收获期价格下跌、产量损失、投入成本上升或者上述因素混合引起的收入损失。作为区域产量保险计划的一种，MP得到同等水平的费率支持。MP于2016作物年度在试点州、县由玉米、稻谷、大豆及小麦开始。2018年，引起农民很大兴趣的收入保险大体仍包含以下大类（20多种）产品：团体收益保险（GRIP）、作物收益保险（crop revenue coverage，CRC）、收益保证保险（revenue assurance，RA）、收入保护保险（income protection，IP）、农场总收入保险（gross farm revenue，GFR）。

按照2018年的《农业提升法案》，进一步提高对MPCI产品纯费率的补贴比例（见表2-1），例如，选择75%产量保障水平的MPCI保单，补贴由23.5%（1994年）提高到71%（2018年），GRP与GRIP等保险产品的保费价格的补贴率也日趋完善（见表2-2），每年政府给农业保险的财政支持超过30亿美元，如此高昂的计划成本为政策性农业保险成功开展提供有力保障。比较而言，发展中国家补贴的范围主要是关系国计民生的农作物与经济作物的保险，政府对农业保险补贴的比例和补贴程度因农作物品种、费率不同而各异。美国保费补贴比例因险种不同而有所差异，20年平均补贴额为纯保费的53%（保费补贴额平均每英亩为6.6美元）。其中，巨灾保险补贴是100%，农作物多种险、收入保险等保费补贴率为40%。

表2-1 **美国农作物多种险（MPCI）纯费率补贴比率**

产量保障水平a	1980年《农作物保险法》补贴率（%）	1994年《农作物保险改革法》补贴率（%）	2002年《农作物风险保障法》补贴率（%）	2014年《农作物保险改革法》补贴率（%）	2018年《农业提升法案》补贴率（%）
55/100	30.0	46.1	64.0	75.0	80.0
65/100	30.0	41.7	59.0	67.0	80.0
75/100	16.9	23.5	55.0	59.0	71.0
85/100	—	13.0	38.0	48.0	56.0

注：a为预期产量的百分数/预期价格的百分数。

资料来源：作者根据相关资料整理。

表2-2 **2018年美国农作物保险价格补贴率对照表**

保障水平（%）	CAT	50	55	60	65	70	75	80*	85*	90*
MPCI补贴率**	1.00	0.70	0.67	0.67	0.64	0.64	0.59	0.55	0.55	—
GRP补贴率	1.00	—	—	—	—	0.64	0.64	0.59	0.59	0.55
GRIP补贴率	—	—	—	—	—	0.64	0.64	0.59	0.55	0.49

注：*依各地区具体情况略有差异；**适用于除GRP、GRIP与畜牧保险之外的所有保险产品。

综上所述，美国研究开发的作物保险主要是从产量保险或收入保险两个方面进行农业风险损失赔付保障。产量保险可分为基于APH的MPCI和基于县平均产量的GRP两类产量保险产品，MPCI又分为CAT和较高保障水平的产量保险（APH buy up）。收入保险（保障因减产或降价引起的收入损失）包括CRC、RA、IP、GFR和GRIP 。GRP与GRIP是基于县平均产量和收益而非APH[①]来计算保费和赔付额的。

除CAT外，纯保险保费一般都等于保额乘以相应的费率，通常所选择的保额越高，保费则越高；保障水平越高，费率也相应越高，从纯

① 基于APH指的是根据农户历史真实产量计算保额的保险产品。美国目前的CAT、MPCI、IP、RA和CRC都是基于APH的。不是基于APH的产品有GRP、GRIP和冰雹险；前两个险种是基于县域平均产量或收益的。

保费中减去补贴的金额，就是农户实际应该交纳的保费。美国农业保险在经历了多次的探索之后，每种保险产品相应的保险纯费率与保障水平厘定标准已逐步完善。美国现行的做法是利用保险统计精算原理，在生存分析的基础上通过对作物产量的损失风险模型进行估计（在第3章将对生存分布模型进行详细研究），从而确定出相应的保费成本、免赔及补贴比例。其赔付规则也基于相应的作物产量与价格水平之上，见表2-3。

表2-3　　**美国主要农作物保险产品及赔付额计算方法**

<table>
<tr><th></th><th colspan="2">产品名称</th><th>100%赔付额I的计算方法a</th><th>产量水平θ（%）</th><th>价格水平β（%）</th></tr>
<tr><td rowspan="10">产量保险</td><td rowspan="2">MPCI</td><td>CAT</td><td rowspan="2">$I=\max\{0,(y^g-y^a)p^g\}$</td><td>50</td><td>55</td></tr>
<tr><td>APH -buy up</td><td>50~75，85</td><td>60~100</td></tr>
<tr><td colspan="2">GRP</td><td>$I=\max\{0,(y^g-y^c)p^g\}$</td><td>70~90</td><td>100~150</td></tr>
<tr><td colspan="2">NAP</td><td>$I=\max\{0,(y^g-y^a)p^g\}$</td><td>50</td><td>60</td></tr>
<tr><td colspan="2">CRC</td><td>$I=\max\{0,[y^g\max(p^g,p^m)-y^ap^g]\}$</td><td>50~75，85</td><td>90~100</td></tr>
<tr><td rowspan="2">RA</td><td>RA-HP</td><td>$I=\max\{0,(y^g-y^a)p^m\}$</td><td rowspan="2">65~75，85</td><td rowspan="2">100</td></tr>
<tr><td>RA-BP</td><td>$I^b=\max\{0,(y^gp^g-y^ap^m)\}$</td></tr>
<tr><td colspan="2">IP</td><td>$I=\max\{0,(y^gp^g-y^ap^m)\}$</td><td>50~75</td><td>100</td></tr>
<tr><td colspan="2">GRF</td><td>$I=\max\{0,(y^g-y^a)p^g\}$</td><td>—</td><td>—</td></tr>
<tr><td colspan="2">GRIP</td><td>$I=\max\{0,(y^g-y^c)p^g\}$</td><td>70~90</td><td>100~150</td></tr>
</table>

注：a为实际赔付额为I乘以相应的（1-免赔率）；b表示计算RA赔付额用的是调整后的地方价格；y^e：期望产量；y^a：实际产量；y^{AHP}：个人历史平均产量；y^c：县平均产量；p^g：基本期货价格的一定比例；p^m：收获期货价格的一定比例；$y^g=\theta y^e=\theta y^{AHP}$；θ、β分别为保障水平比例，以5%的增量递增。

资料来源：作者根据相关资料整理。

2.5.3 美国未来农业保险的发展趋势

经过几十年的试验并总结经营管理经验，美国农业保险积累了较为完整的数据信息，使之能够持续不断地完善，这为许多发展中国家农业保险的高质量发展提供了经验和参考。但按照美国决策者的意愿和某种目标，目前还不尽如人意。有人认为，如此高比例的补贴会干扰市场信号，从而影响生产者的种植决策和对投入品的使用。也有人认为，补贴农作物保险会使产量增加，但增加产品产量得到的好处会被低收益抵消。在关于农业保险改革的各种方案中，有一个方案是按照作物各年的某种指数来设计保险产品。这种创新型保险产品起源于20世纪50年代的瑞典，加拿大一些区域也开始了这类产品的尝试，但在我国很多地区难以推行。这类保险不是基于农户的产量损失进行赔付，而是根据某种“指数”是否实现来决定赔付与否，因此在理论和实践中该指数必须与农户产量损失情况高度相关。美国已经开展了一种指数保险，就是以区域平均产量作为指数的GRP保险产品。

美国还设想通过精算把高风险地区和一般风险地区区别开来，设立一个特别基金，把高风险的农业生产者集中在一起，由政府提供保障，而一般风险地区的农业保险业务则由私营公司去做。美国农户以后购买农业保险产品就像买汽车保险一样方便。近年来，美国农业法案的总预算额度在4 000亿美元以上，比2018年的预期水平略有上升（多支出18亿美元左右）。未来美国农业保险政策将与其他农业政策有机联动，顺应农业生产者的个性化需求，推出新的保险计划。从支出结构看，农业保险仍然是仅次于营养项目的第二大支出。美国农业部经济研究局的统计数据显示：总经费支出的76%为营养项目，9%为农业保险项目，7%为环境保护项目，7%为商品计划项目，剩余的1%主要用于贸易、信贷、农村发展、研究推广、森林、园艺和其他项目。

2.6 国内外主要作物保险产品比较研究综述

根据保险标的不同，国内外主要的农作物保险产品可以划分为作物指定险、作物多种险和作物收入险三种类型，其均是在作物生产灾害发生之后，根据农户实际作物减产的核定情况，给予相应保险金额赔付的作物保险产品。

2.6.1 作物指定险

作物指定险是指当预先指定的某种灾害发生后，根据作物产量损失核灾定损后的结果给予保险赔偿的一种作物产量保险。

某产品的赔付金额=（保障水平-灾后剩余产量水平）×保险金额×投保面积。保险金额的确定通常基于作物实际生产成本。该种指定险保险产品的应用对象通常是雹灾、霜冻或者降雨量过多等。其中，在欧洲和北美等很多国家里已经有数百年历史的雹灾险产品通常是由私营部门提供，由于雹灾损失核灾定损的操作程序相对简单，所以，在这些国家里雹灾指定险是不需要政府给予补贴的。而对于旱灾等风险损失相对巨大又难以独立进行风险损失评估的灾害则不适用于指定作物险产品。

2.6.2 作物多种险（MPCI）

作物多种险或称作物一切险是以作物正常年景平均产量的一定保障水平作为投保产量，当多种灾害交互作用造成的减产损失发生以后，只要实际作物产量低于投保产量，就根据保险赔付金额进行赔偿的作物产量保险产品。

该保险产品的赔付金额=（投保产量-实际产量）×单位面积的产量保险金额。投保产量的保障水平通常是正常年景产量的50%～85%。MPCI保险产品包含对多种风险引起的产量损失的保障。美国、加拿大等发达国家覆盖最广泛的保险产品的核灾定损是基于作物生产的所有可保风险引起的产量损失。该产品的最大优点是适用于多种风险如洪涝和病虫害交互影响引起的产量损失，多用于具有复杂区域特点的投保作物。2023年，我国已有13个省份的812个产粮大县开始进行完全成本保险和种植收入保险的试验，其中基于产量核算保费的完全成本保险仍是稳定我国粮食生产的主要险种。中华联合保险公司以及新疆生产建设兵团等推出了MPCI产品，然而保障水平低下仍是亟待解决的问题。

2.6.3 作物收入险

2.6.3.1 美国作物收入险的创新

作物收入险是根据农场收入而非产量作为承保和赔偿的依据，起源于美国，是美国农作物保险的一个创新，可以同时应对农作物产量风险和农产品价格风险。

（1）团体收益保险（GRIP）。该类保险产品与GRP类似，也是以县为单位，但保险标的是县平均的毛收入而不是产量。GRP与GRIP产品的最大优点就是大大降低了保险成本，既不需要农户的历史情况来确定保费和保障水平，也不需要估计作物损失来确定赔付额。当某种被保险作物的县平均实际收益（每英亩毛收入）低于所选择的县平均预期收益水平时，农户就获得FCIC的赔偿。其保障水平是预期收益的70%~90%，最高可按预期价格的150%保障预期产量的90%。

县平均预期收益=90%~100%播种前5天平均期货价格×县平均产量×70%~90%的保障水平

县平均实际收益=收获前1个月的平均期货价格×县实际平均产量

（2）作物收益保险（CRC）。如果以产量为保险标的，即使在正常产量的情况下，收入也可能较低。为了解决这个问题，美国开发了用来替代MPCI的收入保险产品CRC。该产品保的是农作物的保险金额与实际收益的差额部分，并且RMA还为其提供保费及管理补贴，可选的保障水平为50%~75%，个别地区可达到85%，赔偿为某种期货价格[①]的90%~100%，而不是RMA的预测价格。CRC在没有发生产量损失的情况下也能获得赔偿（市场价格下跌）；如果价格上升而产量下降，CRC允许农户选择购买替代产量。由于CRC既适用于基本保险单位或可选择的保险单位，也适用于整个农场，因此推广很快，是很受欢迎的收入保险产品。

保险金额=个人历史平均产量(APH)×50%~75%的保障水平×90%~100%的期货价格

实际收益=实际产量×收获价格

① CRC使用的期货价格分为基础价格和收获价格两种，其中“基础价格”是指播种前1个月的平均收获期货价格；“收获价格”是指同一期货合同在收获前1个月的平均价格。

CRC选择的作物“期货价格”是基础价格或收获价格中较高的一个，无论用哪个价格费率都相同，因此提供的收益保障可能因作物收获时价格上升而提高。CRC还为企业和整个农场作为投保单位的投保者提供保费打折优惠。

（3）收益保证保险（RA）。该产品的可选保障水平于1999年设定为65%~75%，与CRC有所不同的是RA的收益保证水平不因作物收获时价格上升而提高。RA有两个特点：一是农民必须选择以“基础价格”或以“收获价格”这两种期货价格的一种作为计算保额的依据，若以“收获价格”计算，RA也称作RA-HP，且费率较高，与CRC类似；若以“基础价格”计算，也称RA-BP，与IP（income protection）相似。二是该产品也可以为整个农场提供收益保障，例如，可以将小麦和其他保险作物的收益作为保障对象统一计算，如果农户只投保某一种作物且选择RA-BP，这种情况下就类似于IP。

（4）收入保护保险（IP）。该类产品提供的可选保障水平为50%~75%，和RA类似，但也有两点不同：一是IP只能以“基础价格”作为计算保额的依据，且IP使用的“基础价格”没有进行调整，而RA使用的“基础价格”是将期货价格进行调整后的地方价格；二是投保IP必须以整个农场而不是按地块作为保险单位，即所提供的保障只针对同一个县范围内的同一种作物的全部。由于投保面积分散，如果不发生大面积的灾害损失，得到赔偿的概率较低，因此，该产品的费率也较优惠。

（5）农场总收入保险（GFR）。该产品以整个农场作物、畜禽等产品的毛收入作为承保和理赔的基础，当农场总收入低于保险金额时可获赔偿。当然，购买该保险产品的农民必须按照农业税税表的规定，逐一列出其收入内容。GFR对不同类型的农场提供不同程度的差异化保障，允许满足生产多样化条件的农场以更高的保障水平参保：只生产一种或两种农作物的农场可选择的保障水平在50%~75%；满足多样化生产最低要求的生产三种或者三种以上农作物的农场可选择的保障水平在50%~85%。在保费补贴方面，对于满足多样化生产要求的生产两种或者以上产品的农场提供更高额的保费补贴，保费补贴水平与收入保险产品一致，对只生产一种产品的农场仅提供基本保费补贴。

2.6.3.2 我国作物收入保险和成本保险的试验探索

2023年，我国已有13个省812个产粮大县开始进行完全成本保险和种植收入保险的试验。完全成本保险是指覆盖农业生产总成本的农业保险，包括直接物化成本（如种子、化肥等成本）、土地成本和人工成本等，基本功能是弥补主要自然灾害、重大病虫害等导致的损失，也就是说，在出现自然灾害、病虫害这样一些特殊情况的时候，让广大农户至少可以把成本收回来。完全成本保险有三大特点：一是保障水平高于传统的直接物化成本保险，该产品覆盖了更多成本类型。其设计初心是让农户在遇到灾害时最高可获得相应品种种植收入80%的保障水平，但由于各地区单产水平和风险损失率存在较大差异，因此实际保障水平有限，推广过程中除去政策性因素外，农户实际投保热情并不高。二是保险责任范围设置比物化成本保险更加广泛，责任涵盖当地主要自然灾害、重大病虫害和意外事故等。农产品价格、产量波动导致的收入损失则可以通过种植收入保险进行理赔。三是将适度规模经营农户和小农户均纳入保险的保障范围，但政府补贴保费高达70%~80%，财政压力较大。

种植收入保险是指农业种植收入因为价格、产量波动而导致损失的政策性农业保险。政府推行农业收入保险是为了保障农户投保农作物或者饲养动物的收入稳定。值得注意的是，对收入保险的“收入”，有些人存在误解，认为应该是过去年份的高收入或者过去年份的平均收入，其实不然，收入保险保障的只是未来收获期的预期收入。预期收入也就是保险合同中的保障收入或者保险金额。这个预期收入可能比过往收入要高，也可能比过往收入要低。在市场经济条件下，价格下跌的损失可能超过增产、稳产带来的收益，这是符合市场规律的。在大宗农产品定价机制改革以前，我国对农产品价格采取了“兜底收购”的补贴政策，虽然保护了农户的收入，但也容易背离市场的供求导向。比如，在供给过多的时候，因为不适当的价格支持，反而鼓励农户继续增加生产和供给。收入保险保障的收入只能是预期收入，这是著名学者庹国柱多年来一直呼吁的问题。我国农业收入保险在产品开发和定价方面还没有作出规范，缺乏相关经验。

目前，我国收入保险经营主要有两种方式：一种是保险经营机构独立承保和理赔，也就是经营成本保险。这种方式的收入保险经营风险完全由保险经营机构承担，分散经营风险是通过直接保险机构购买再保险的方式实现的。第二种是直接保险机构和期货公司共同承保和理赔。这是从2019年以来出现的“收入保险＋期货”模式。这种经营方式的风险是保险公司和期货公司共同承担的，经营风险的分散暂时不能通过购买再保险的方式实现。一般来说，这种方式是直保公司与期货公司签订共保协议，约定由保险公司承保出单，保险费由双方按照一定比例分配，产量损失引发的收入损失由保险公司负责赔付，由价格下跌引起的收入损失由期货公司负责赔付。例如，某保险公司和期货公司合作，就某县50万亩大豆收入保险约定：因产量端减产原因造成的每亩收入损失，由保险公司赔付；价格端原因，也就是实际价格低于计算保障收入的价格造成的收入损失，由期货公司赔偿。试点县的政府补贴了40%以上的保险费，期货公司也补贴了一定比例的保险费，保险公司和期货公司双方保费分配比例为6∶4。假设最终每亩收入减少了18元，农户每亩得到的赔款就是18元。具体来说，如果这18元是因为灾害导致产量减少造成的收入损失，那么实际上的赔偿是由保险公司支付的。若大豆收获期的市场价格高于精算定价时的价格，造成的收入损失是产量损失造成的，依照保险公司与期货公司的约定，期货公司方不用承担损失赔偿责任。这两种经营方式都处于试验阶段，目前孰优孰劣仍值得商榷。

2.6.4 指数型保险

指数型保险目前只有美国、加拿大等少数国家在运行推广，是根据与作物产量高度相关的某种“指数”指标的实现与否来确定赔付。该产品的赔付过程不需要针对单个农户进行逐一核灾定损，因此具有相对较低的实施经营成本。然而，该种保险产品的运行需要有连续、准确与可靠气象与区域“指数”数据资料。该产品对规避农业保险的逆向选择和道德风险问题有一定效果，但其适用性也有一定局限，目前包括产量指数保险和气象指数保险两种类型。

1）产量指数保险

产量指数保险产品产生于20世纪50年代的瑞典，随后加拿大在70年代末、美国在90年代初也开始试行该产品。该产品就是区域产量风险保险计划，即GRP。该产品的“指数”是指一个区域，通常以县或地区内的作物历史平均产量的一定保障水平（如80%）作为投保产量，只要该区域实际平均产量低于投保产量，投保农户就可以根据投保面积而非产量损失程度得到相应的赔偿金额。

2）气象指数保险

近几年，气象指数保险已经在印度、加拿大、墨西哥等国家进行了试点。该产品的“指数”是基于所在区域气象台发布的如降雨量或气温等气象因素。同区域产量指数保险产品一样，该产品的核灾定损的成本也比较低。国内有学者提出，我国具有的明显地域性特征的地区有利于保险公司经营气象指数保险，其市场发展前景较乐观。气象指数保险赔付不基于个别农户的实际产量，因此保险公司不仅不必进行过多的信息管理成本支出，而且还可以有效降低信息不对称产生的道德风险和逆向选择的不良影响，这种保险成本低廉的保险产品还可以通过再保险业务转嫁经营风险。因此，该产品适合转嫁发展中国家的农业相关风险。然而，现阶段我国农业天气指数保险在技术与管理层面存在气象数据短缺、多因子指数复杂、各部门协同程度低、跨学科复合型人才短缺等业务难题。伏红勇等学者认为应采取提供保险补贴的方式来引导农户购买天气指数保险，以外化灾害性天气风险，进而保障订单农业供应链系统的稳健运行。目前，各国多利用天气指数保险的衍生工具进行作物保险的再保险业务。

2.6.5 评述

一般来说，天气指数的设计和构建涉及保险、气象、农业、地理等诸多学科和部门。其中，农业生产经营数据掌握在农业部门手中，拥有精算能力的是保险公司，而气象部门则有历史气象资料，并且能对未来天气和气候进行预测。因此，天气指数的设计过程需要在多部门合作的基础上进行精细的数据分析和复杂的模型设计。除此之外，如何降低基差风险也是当下需要解决的重点问题，例如，某区域遭受同样的灾害，有的农户受灾严重却没有得到赔偿，有的农户没有受灾却得到了赔偿。

无论在美国、加拿大等发达国家还是在印度等发展中国家，目前，MPCI仍然是作物保险中覆盖面最为广泛的保险产品。该种基于产量损失进行风险赔付的作物保险产品之所以具有吸引力，主要是其可以对包含造成产量损失的所有可保的灾害风险进行保障。发达国家的投保者，尤其对于大规模机械化生产的美国农场主而言，其作物生产收入颇高，选择CRC、GFR等收入保险来规避价格等市场风险的适用性更强，这与发展中国家以小农经济主体面临的农业风险有着明显的区别。需要注意的问题如下：一是不可用计划价格数据来估计参数，这种数据不能很好地反映市场价格的随机波动。二是产量损失容易被低估，因为产量数据往往受平滑的影响有偏低的可能性。曾有学者用过往20年水稻和玉米价格的时间序列数据作为参数，而实际上我国2017年才进行玉米定价机制的改革，此前基本上都用政府收购保护价格数据定价，显然这种价格数据并不能准确反映真实市场价格的变化，因此，这个数据严格说来是不能用的。需要注意的是，我国水稻和小麦直到现在也还是实行政府兜底收购价，因此，收入保险定价问题值得商榷。针对我国较为复杂的气候与地理环境，以及普遍小规模的农业生产者来说，国家往往对其生产的农产品价格给予一定保护性的政策倾斜，而在多种生产风险相互作用条件下，作物多种险MPCI的保障适用性更强。我国现阶段普遍开展的MPCI存在诸多改善空间，对于提供保险的机构来说，最主要的经营难点是核灾定损的成本过高；我国各省份地形、气象、土壤等条件差异显著，统一保额和费率标准显然和各地区的实际风险不匹配；而对于投保农户来说，单一保障水平的农业保险产品难以提高投保的热情，这使得在政府投入大量补贴资金的情况下，农户的投保率依然无法达到80%。随着我国政策性农业保险实施范围的进一步扩大，多元化的政策性作物产量保险价格制定方法亟待进一步科学化。

2.7 本章小结

目前，国内的农作物风险评估及农业保险精算研究方法亟待破冰，费率厘定中未涉及政府补贴比例、保费储备金与农业风险的内在联系，缺乏对政策性保险价格及补贴方式的具体设计方案研究。道德风险和逆向选择风险等农业保险面临的主要风险的控制措施相对薄弱。农业保险产品保障标准单一。统一保额、单一费率水平不符合省内不同区域的实际风险情况，没有基于动态风险监测和精算原理进行精准定价，就无法减少投保的逆向选择风险，主要原因是研究方法和数据处理方面的限制，未能从保险精算角度进行不同保障水平下的风险评估、农户实付保费以及政府补贴保费等价格要素厘定。鉴于不同年份各地的风险发生率变动较大，可以运用近20年的数据进行动态调整，并基于市县级风险区划单位厘定出更加有利于各地农业保险的可持续发展保险价格。

3 作物保险定价基础理论、方法与精算模型研究

3.1 作物保险定价基础理论

保险精算是一门“以经济学理论为基础，运用统计学与数学的方法，结合经济学、金融学、保险学等学科的理论，对各种经济活动中的经营主体的财务收支风险进行分析、估价和管理的综合性应用科学”。保险精算技术自诞生之日起就成为保险公司赖以生存的重要基础，为其保险产品的定价提供技术支持。基于农作物保险的保险精算理论基础如下：

3.1.1 外部性理论

亚当·斯密提出，当单个行为者在追求个人福利的时候，一只“看不见的手”会导致其他社会成员的福利增加，“看不见的手”定理要依赖于一个隐含的假定——单个行为者的经济行为对社会上其他成员的经

济福利没有任何影响。然而这种假定往往不能成立，因为现实社会中，单个经济成员行为产生的私人成本和私人效益往往与社会成本和社会效益无法对等。英国经济学家庇古最早在系统外部性理论中指出，外部性指的是一个经济主体的行为对另一个经济主体的利益产生影响，由于总有生产过剩或生产不足的现象存在，因而导致资源配置无法达到帕累托最优。马歇尔在《经济学原理》一书中提出某类产业的发展和扩张是由于外部经济降低了这一产业内部厂商的成本曲线，这对于厂商来说是一种正外部性。马歇尔的这种对外部经济概念的发现和阐述，为公共经济领域中新的理论发展奠定了基础。同时，外部性又有正、负之分，正外部性是指将利益外溢给社会的行为与活动，负外部性是指将成本附加给社会的行为与活动。

本书从福利经济学角度分析我国农业保险的产品属性及其正外部性特征。在西方福利经济学中，根据受益人的范围进行划分，产品有公共产品和私人产品之分，但是现实生活当中，更为常见的一类产品是混合产品。具有排他性的私人产品的属性如下：当一个人消费它时，另外一个人就无法去消费它，因此，通过市场对生产者的激励机制就会促成私人产品的产生，公共物品无法这样生成必须由政府提供。这种介于公共物品和私人物品之间的产品的产生必然应该由政府加以组织、规划和补贴，从而实现其最优效率。

农业保险产品作为一种混合性产品，其外部性特征如下：第一，对于农民来说，农业保险的开展可以保障其免受或减轻农业风险带来的灾害影响，虽然在诸如防灾防损等环节可能产生一定的负外部性，但它毕竟是只有投保农民才可最终享受的更具私人物品特性的混合产品。第二，农业保险有助于农业的稳定发展、保持农村的稳定，从而有助于全社会的稳定和国家的长治久安，因此，对农业保险的补贴不仅有助于保障大量处于弱势地位的投保农民的利益，较均衡地分配国民收入，更有助于促进社会公平。第三，作为一个农业大国，农业长期是我国的基础产业，农业保险是农业保护体系当中的一个重要工具，其在促进农业稳定发展的同时也有利于其他产业的发展。因此，农业保险是混合产品中具有利益外溢特征的准公共产品。

从以上分析可以看出，农业保险的正外部经济性主要表现在其产生的社会效益外溢，因此，农业保险理所当然属于政策性范畴。那么政府对农业保险的最优补贴规模到底应该如何衡量？本书从市场均衡的角度解释这个问题，正外部性在于产品的某些效益估值没有被生产者视为产品需求的一部分，于是边际社会效益就超过了边际私人效益。如图3-1所示，当按照农户的边际私人成本曲线MPC与边际私人效益曲线MPB相交确定市场均衡时，所对应的投保数量为Q_P，对应农户实际愿意支付的保险价格为P_2，此时，由于农业保险存在外部性特征，其边际社会效益P_4远大于边际社会成本P_2，无法达到社会资源配置的最优，因此，必须扩大投保数量到Q_S，此时边际社会成本MSC等于边际社会效益MSB，达到社会效用的最大化。新的农业保险市场均衡点所对应的保险价格为P_3，而农民实际愿意支付的保险价格只有P_1，P_3与P_1之间的差额，即P_3-P_1就是需要政府政策性补贴来弥补的最优价格补贴规模。

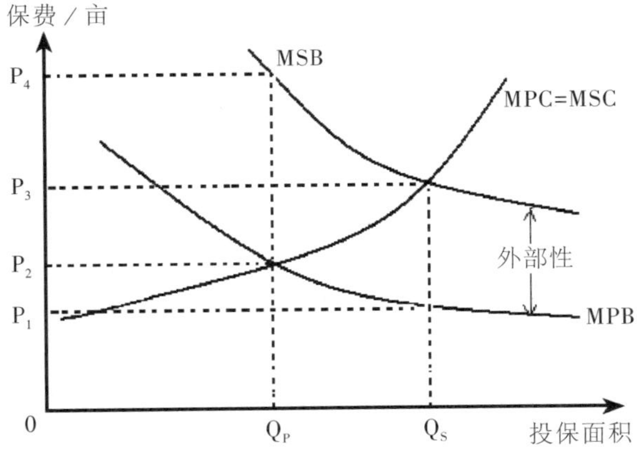

图3-1　政府最优价格补贴规模

3.1.2　收支平衡原理

根据现代西方经济学家的观点，商品的交换性使得在市场供求均衡点上确定了商品的最终价格。农业保险产品作为有效分散农民的作物生产风险的一种商品，就是通过从事农作物生产的农户向保险公司支付一定的保费作为交易代价，来交换作物产量或生产收益的保障。农业保险这种特殊的商品与其他商品有所不同，除了与普通商业性保险相同的经济性、契约性和科学性等共有基本特性外，农业保险产品还具有一些不同于商业保险的特殊的诸如外部性、复杂性、非排他性和艰巨性等特征。农业本身在国民经济中具有弱质产业性质，农业保险这种有别于一般商业保险的准公共产品的特征，伴随着社会效益高、自身经济效益低的特点。若想通过农业保险使农作物生产保证整个国民经济稳定、广大农民的利益得到保证，均衡市场价格就需要由国家的政策性的制度安排进行一定程度的调整，在这种情况下，对于农户来说，其实际支付的保费不可能按照农业保险这种商品在市场上的实际价值进行等价交换。也就是说，农业保险的合理价格要素的厘定必须是保证农业保险交易确定性的一种制度安排。

农业保险产品作为一种特殊商品，其经营也与一般商品的经营一样必须遵循一个共同原理——收支平衡原理。所谓收支平衡，指的是在商品交换过程中交易双方用货币价值来衡量收入与支出的均等。收支平衡原理也是所有商品生产与商品经营最基本的原则。倘若收支无法达到平衡，商品生产与经营则无法进行下去；只有在收入大于或至少等于支出时，商品的生产与经营才能得以维持。在农业保险中，收支平衡原理也是保险机构或经营农险的保险公司制定保险价格的重要依据，这一依据实际具有两个含义：第一，保险公司的收支平衡，即保险公司在经营农险上的总保费收入与总赔付支出要保持均衡。第二，投保农户的收支平衡，即从截面上来看，对于相同的保险责任，每一投保农户支付的保险价格要相等，获得理赔的机会也要相等；从时间序列上来看，每一投保农户的总保费支出与总赔付收益也要保持均衡。对于政策性农业保险中政府与农户共同支付的保险价格，通常是基于作物生产预期损失风险率推算的纯费率进行厘定，政府帮助投保农户预先交纳一定的保费，因而具有制度性和事先安排性等特征。即使在实际发生了大的巨灾损失赔付之后，保险公司的财务支出超过了保费收入，也不能再向农户征收额外的保费。所以，科学、准确地厘定保险纯费率和预期投保率，是保障保险公司收支均衡的重要前提。纯费率确定以后，在投保农户、政府之间如何分配？在不同风险类型的投保农户之间如何分配？是实行差别费率还是统一费率？答案不言而喻，必须要体现公平，即保险公司向每一个投保农户收取的保费应该与其所承担的农户生产损失风险责任一致，或者说要满足“收支平衡原理”的第二层含义，否则的话逆向选择的问题会不断加剧。因此，实施政策性农业保险并不违背商品交换一般规律，农业保险既定的社会效益目标不能完全通过市场机制来实现时，政府就要用那只“看得见的手”通过立法与财政补贴等国家干预手段来实现这一特定的政策目标。

3.1.3 期望效用原理

经济学理论认为，一个理性人的行为最终目标是追求个人效用的最大化。农业保险市场也如此，农户往往期望通过在农业市场中购买保险来实现其最大的个体效用，即投保农户的边际效用为零时，就实现了效用最大。这里，假设当所有投保农户都达到最大效用（即边际效用均为零）的时候，经营农险的保险公司也达到效用最大，此时的农业保险市场达到了均衡状态。Rotschid 和 Stiglitz 在 1976 年将这种均衡状态条件农业保险市场界定如下：①如果投保农户再多购买一份保险合同就会产生负效用；②不存在具有非负效用的保险合同。基于上述的假设条件，保险需求与保险供给相等的状态就是保险市场均衡状态。因此，公平的保险市场价格应该满足保险公司的预期保费收入等于预期保险赔付，同时投保农户支付的保费等于预期产量损失。

本书假定在运作良好的竞争市场条件下，从农业保险的供求关系如何达到市场均衡展开研究。根据微观经济学的理论，市场被分为不完全竞争市场与完全竞争市场两种，以此类推，如果市场的交易双方均拥有完全对称的信息，此时，信息的交易成本等于零，则这个市场称为对称信息市场；相反，交易双方就需要支付一定的信息交易成本，这就是交易双方的信息不对称市场。根据新凯恩斯学派的理论，市场均衡实际上只能是不对称信息条件下的均衡，并且存在信息成本问题。如果将均衡简单定义为市场上的各种力量达到一个平衡的状态，在这种状态下如果没有一个外在因素影响，市场上的参与各方没有动力去改变这种状态。同理，保险市场上的信息是完全对称的，则保险交易就基本不会发生。

本书分别在对称和不对称信息市场两种情况下用效用曲线和约束曲线来反映农业保险价格对不同风险农户个体效用的影响，简单起见，只考虑投保农户有或无保险损失赔付两种情况：

用 V(m，p) 和 V(a_1，a_2，p) 分别表示农户投保前后的期望效用值，则有：

$$V(m, p) = (1 - p)U(m) + pU(m - d) \tag{3.1.1}$$

$$V(a_1, a_2, p) = (1 - p)U(m - a_1) + pU(m - a_1 + a_2) \tag{3.1.2}$$

其中，m表示农业收入，p表示投保产量损失概率，d表示产量损失金额，U表示效用值，a_1表示保费成本，a_2表示保险赔付金额，V表示期望效用值。

假设农户整体为风险厌恶型，则 $U' < 0$，即V近似内凹。假设保险公司为风险中性，仅关心其期望收益π，而每个保险合同的收益是随机的，则有：

$$\pi(a_1, a_2, p) = (1 - p)a_1 - p(a_2 - a_1) \tag{3.1.3}$$

只有在对称信息市场条件下，保险公司的期望收益等于0，在不考虑管理费用情况下有：

$$(1 - p)a_1 = p(a_2 - a_1) \tag{3.1.4}$$

此时可以计算出保险精算上的公平保费。

1）对称信息市场下的效用最大化

假设投保农户具有相同的风险类型，令 M_1 和 M_2 分别代表投保农户两种情况下的收入：无保险赔付和有保险赔付，如图3-2a所示，L代表两种情况下的等收入线，E点代表农户购买保险前的最初水平（没有损失情况下收入为m；有损失情况下收入为m-d）。用U表示农户风险偏好的无差异曲线，U的斜率为｛U′（M_1）｝/｛U′（M_2）｝，保险公司提供的公平赔付率曲线是FK（根据期望收益为0，由方程3.1.4计算所得），其斜率为（1-p）/p，即有无损失赔付的概率比。沿着FK移动，农户可以改变其效用的大小，当达到FK与无差异曲线U的切点K时，达到市场均衡点，农户的期望效用最大，保险公司盈亏平衡。

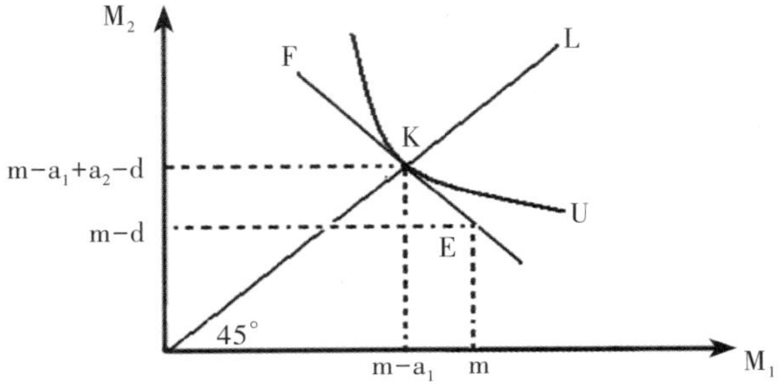

图3-2a 对称信息市场条件下的市场均衡（一）

假定投保农户具有不同的风险类型，用P_H和P_L分别代表高、低两种风险个体发生损失赔付的概率。如图3-2b所示，用U_H和U_L分别表示两种风险个体的无差异曲线。如果保险市场是另一个对称信息市场，则保险公司期望收益等于0，此时保险公司所提供的“公平赔付率曲线”EF（斜率＝（$1-P_L$）/P_L）、EH（斜率＝（$1-P_H$）/P_H）分别表示对低风险农户和高风险农户的农业保险供给。沿着各自的“公平赔付率曲线”移动，农户效用发生改变，直到EF和EH与U_L和U_H无差异曲线分别相切时停止，达到市场均衡点A和B。此时，高风险和低风险农户的效用都达到最大化，他们均以公平费率获得了最佳保障。

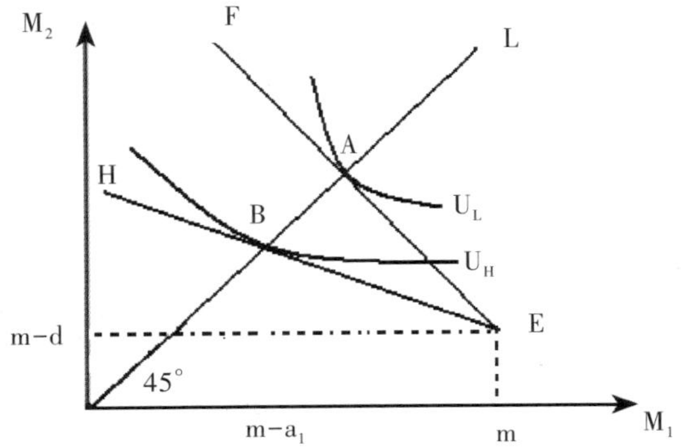

图3-2b 对称信息市场条件下的市场均衡（二）

2）不对称信息市场下的效用最大化

Akerlof（1970）在对医疗保险不对称信息市场的早期研究中曾经指出，如果投保人可以获得完全信息，而保险公司无法识别高风险和低风险个体，那么只能使用平均保费率（公平保费率），结果导致具有高风险个体前来投保，保险公司为达到收支平衡，必须提高保费，从而导致更高风险个体才来投保的严重逆向选择问题，最后保险公司只能一再提高保费，整个保险市场失灵。Rotschid和Stiglitz（1976）指出，不对称信息市场可以分为统一均衡与差异均衡两种情况，前者是指保险公司对农户实行平均费率，提供统一的保险合同，不考虑不同农户具有的风险差异；而后者则是指保险公司对不同风险类型的农户区别对待，提供差异化的保险合同。

图3-3a中描述了不对称信息市场下的统一均衡。EF、EH、U_L、U_H含义同上，由于保险公司具有不对称的信息，无法辨别单个农户的风险类型，无法确定不同类型的农户何时效用达到最大，即保险公司不知道高风险农户在A点达到效用最大化、低风险农户在B点效用最大，因此保险公司只能为所有投保农户提供统一均衡的保障水平与保险价格。假定保险公司的供给曲线为EG，保险公司就误认为高风险农户在B′点达到均衡，而低风险的农户在A′点达到均衡。此种情况下，实际上高风险农户被过度保险，但他们却少支付了保费；低风险农户保障不足，却被过度收费。

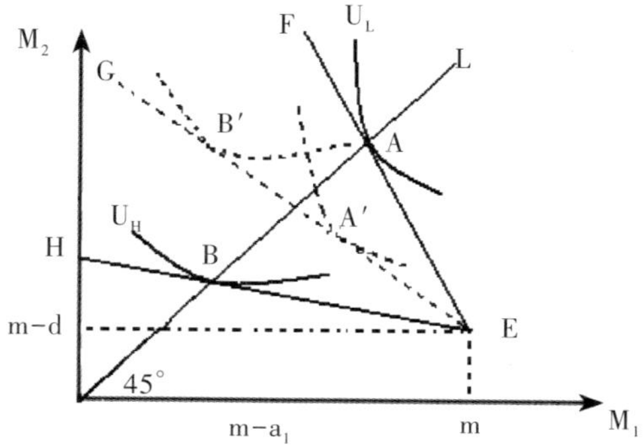

图3-3a 不对称信息市场条件下的统一均衡

通过以上分析可以看出，只有当供求双方很容易获取对方信息，即在完全对称信息保险市场理想状况下的市场均衡点，高风险农户和低风险农户才都能够达到完全的保险状态，即对不同风险的农户收取与其自身风险大小相符合的保险费用，从而分别实现其效用的最大化。而在不对称信息市场中，不论保险公司是为所有风险类型的投保农户提供统一保障水平的统一保险价格的保险产品，还是根据投保农户的风险大小提供差异化的保险产品与价格，都无法使高风险农户和低风险农户同时达到完全的保险状态。这与Hoy（1982）对医疗和车辆保险研究所得出的结论相同，如果保险公司能够提供不同价格、不同保障水平可选择的保险合同，则比提供平均价格和单一保险合同更有效。因此，在农业保险中，与其使用单一保险合同使高、低风险农户都得到有偏保险相比，不如根据投保者风险大小提供差异化保险价格效果更好，至少可以使高风险农户达到完全保险状态，而从图3-2a和图3-3b还可以看出，农户风险的识别和保险价格的合理厘定对于农业保险市场有效运作具有十分重要的影响。虽然在现实农业保险市场中，不可能达到对称信息市场的均衡状态（见图3-2b），但是差别保险费用的合理厘定至少可以使这种保险市场达到次优状态（见图3-3b），如果保险公司不做好多保障水平的保险价格精算而使用统一保费（见图3-2b），则必然会产生逆选择和道德风险问题，主要表现为高风险农户为得到超额利益，纷纷投保；而低风险农户认为自己得不到完全保障怕吃亏而放弃投保，由此导致保险公司的赔付风险居高不下，而保险公司为降低其居高的损失赔付风险，只有一再提高统一保险费率，此举进一步使低风险农户离农业保险的大门越来越远。因此，基于不同农户损失风险的多个保障水平的保险产品价格精算对农业保险市场的健康发展具有重大的意义。

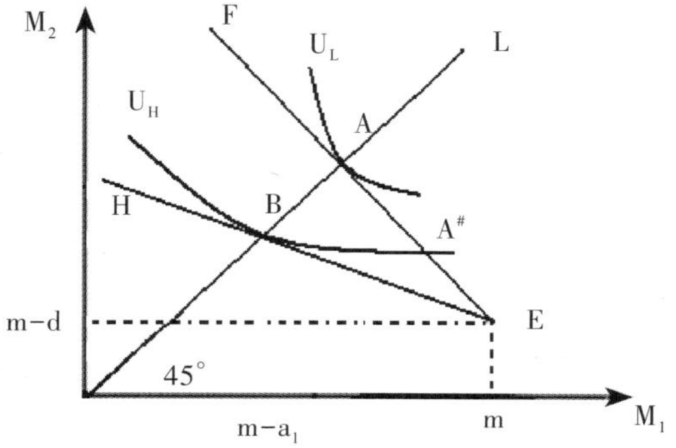

图3-3b　不对称信息市场条件下的差异均衡

3.2 政策性作物保险定价原理与方法

在一个风险损失无法避免的世界里，需要什么样的条件才能设计出一个保险合同使农户和保险公司的境况都能得以改善？这就势必涉及保险定价问题，根据上述理论分析，农业保险的合理定价取决于纯费率厘定的合理性。以往在我国政策性作物保险试点中，主要采取单一均衡费率的形式，且总保费成本等于纯保费①加上管理费用，由于纯费率厘定中欠缺对巨灾风险的厘定过程，造成农户的保费负担与其承受的风险不一致，在农业保险平均赔付率超过80%的情况下，偏高的费率无疑抑制了农业保险的有效需求，进而诱发了逆向选择和道德风险。本节将政策性农业保险的价格成本进行分解，找出其中影响纯费率厘定的主要因素，再应用效用函数理论对作物保险的纯费率厘定原理与方法进行分析。

3.2.1 价格成本的要素分解

国内外保险业研究表明，绝大多数商业性财产保险的损失率（保险赔付/保值）是在2%以下，如果高出这一水平保险公司就难以生存下去。而农业保险的损失率大都在20%~25%，这是世界各国普遍推崇政策性农业保险的主要原因。然而，受到历史数据积累和管理水平的限制，在我国以往农作物保险的实践中，保险价格成本的厘定并没有得到应有的重视，表现在主要是依靠传统经验和单纯基础风险损失测算来制定农作物保险纯费率，且各地保险费率的标准基本上是采取统一费率形式，只提供70%的作物产量损失担保。这种做法的结果是保费无法反映出作物生产风险强度，造成农户要求的保障水平、风险偏好与保费交纳严重脱节，从而表现出明显的逆向选择和道德风险，影响了农户投保率。究其原因主要是精算技术缺失、实行单一费率不合理。此外，传统的基于风险区划的纯费率厘定中欠缺对巨灾风险的厘定过程，导致作

① 纯保费率，也称净费率，以其计算的保险费用于保险事故发生后进行赔偿或给付。

物产量的系统性风险难以通过保费补贴政策实现有效分摊，农户实际投保率不足，保险公司亏损。

根据世界各国实行政策性农作物保险的普遍做法，运营作物保险业的价格成本基本由以下几部分构成：基本保费、巨灾保费、保险储备金和管理费用。值得注意的是，这些保险成本中的前两项较之后两项更为重要，其中巨灾保费主要是对农作物产量系统性风险损失（50%产量损失）的分摊，而后两项费用取决于前两项费用总量的多少。作物保险计划的总保费成本费率应分解为基础风险费率、巨灾风险费率、储备金费率以及管理费费率的累加。前两部分费率之和称为纯保费费率或损失风险费率，农民实际只需交纳由纯费率扣除政府补贴比例后的保费；而后两部分费率分别按纯费率的一定比例（通常为20%）计提，此部分保费完全由政府支付。政策性作物保险纯费率厘定过程必须同时包含对基础风险费率和巨灾风险费率的厘定过程。实际上，保险统计精算的保险价格指的就是纯费率厘定出的保费部分。

3.2.2 纯费率的厘定原理与方法

在作物保险中，费率厘定是通过对农作物生产损失风险分布的计算来实现的。而作物损失风险通常是通过农作物实际单产水平相对正常年景产量水平的降低程度反映出来的，因此，假设投保农户购买了一份特定保障水平的保险合同，当该农户生产的实际单产水平y低于所选择的保障水平时，保险公司就会对其进行相应保额的保险赔付，其赔付额（Indemnity，I）等于：

$$I = p \times \max\left\{(\theta\hat{y} - y),\ 0\right\} \tag{3.2.1}$$

这里，p为签订保险合同时确定的保险金额（赔付单价）；θ为保障水平，即所选择的预期产量保障比例；$\hat{y}$为农户的预期产量；y为农户实际产量。

用m代表该农户的初始收入，用π代表农户所要支付的保险费。若p为发生产量损失而获得赔付的概率，d为损失大小，此时该农户购买保险后的效用函数可以用冯·诺伊曼-摩根斯坦效用函数表示，即：

$$U(\cdot)=(1-p)U(m-\pi)+pU(m-\pi-d+I) \tag{3.2.2}$$

在假定保险公司交易成本为零的条件下，保险费率π可以看作保险合同α与影响费率的其他风险特征z（如巨灾风险损失成本、信息成本等）的函数，即$\pi=\pi(\alpha, z)$。而赔付额I也是保险合同α的函数，即$I=I(\alpha)$。若有交易成本且参保农户的风险类型不可知，则保险市场供需均衡状态下的保险合同α由农户与保险公司视市场交易习惯而定。

当（3.2.2）式中$U(\cdot)=0$时，该农户的期望效用最大，根据本研究假设，此时保险公司也达到效用最大化。其需满足下列一阶条件：

$$\frac{U'(m-\pi)}{U'(m-\pi-d+I)}=\frac{p\{I'(\alpha)-\pi'(\alpha, z)\}}{(1-p)\pi'(\alpha, z)}=1 \tag{3.2.3}$$

这里$I'(\alpha)$和$\pi'(\alpha, z)$分别表示边际赔付和边际保费；p/（1-p）为有无产量损失的概率比，衡量购买该保险合同的相对风险。基于上述理论分析，在保险统计公平的费率下，如果农民购买全险，则有无产量损失两种情况的收入相同（但实际并非仅此两种情况，详见Nicholas D., 2014），由于购买全险对农户的收益影响无差异，则有：

$$U'(m-\pi)=U'[m-\pi-d+I(\alpha)] \tag{3.2.4}$$

由此，期望收益的边际效用比解释了为什么风险规避型农户更倾向于购买农业保险。而对于保险公司（供方市场）来说，则有：

$$(1-p)\pi'(\alpha, z)=p\{I'(\alpha)-\pi'(\alpha, z)\} \tag{3.2.5}$$

这表明，对于保险公司来说期望收益等于期望成本。解方程（3.2.5）可得：

$$\pi'(\alpha, z)=p\cdot I'(\alpha) \tag{3.2.6}$$

根据隐函数定理我们可以推断出，保险统计上公平合理的保费应该等于农户的作物生产期望损失。

$$\begin{aligned}E[Loss]&=E[\max(\theta\hat{y}-y, 0)]\\&=Pr(y<\theta\hat{y})\cdot[\theta\hat{y}-E(y|y<\theta\hat{y})]\\&=\int_0^{\theta\hat{y}}(\theta\hat{y}-y)f(y)dy \qquad (3.2.7)\\&=F(\theta\hat{y})[\theta\hat{y}-\frac{\int_0^{\theta\hat{y}}yf(y)dy}{\int_0^{\theta\hat{y}}f(y)dy}]\end{aligned}$$

从而，得到合理的保险纯费率为：

$$\text{Rate} = \frac{E[\text{Loss}]}{\hat{y}} \cdot \theta \tag{3.2.8}$$

从（3.2.6）式至（3.2.8）式可以看出，作物保险中合理的纯费率厘定依赖保障水平设定与相应产量的期望损失风险的评估结果，因此，统计精算上的保险价格主要取决于两个因素：①农作物保险合同的期望保障水平 $\theta\hat{y}$；②农作物期望损失风险率 E［Loss］。其中，前者虽然直接影响到农业保险保险费率的高低，但对保险费率厘定的准确性却没有影响，设定标准应取决于农户生产风险认知与投保意愿等；保险费率厘定的准确性主要在于对作物期望损失风险率 E［Loss］的测算，而 E［Loss］必须考虑到保险合同类型 α 及相应的基础损失风险与巨灾风险损失 z 等因素的同时影响，这就从理论上解释了为什么政策性农业保险损失风险率的测算方法不同于一般损失风险。由此可见，农户的作物生产损失风险率评估方法的选择对政策性农业保险价格精算的准确性起决定作用。

3.3 作物单产风险及损失评估生存分析模型

3.3.1 风险及作物单产风险的界定

作为市场经济中的一种常态——风险的存在源于任何事物发展过程中的不确定性。多数学者的观点是风险即事物发展的不确定性，然而另有学者指出风险就是预期损失发生的可能性。对于风险的定义，至今国内外的学术界尚没有得出一个统一公认的概念。基于此，有学者结合这两种观点从管理学的角度给出了一个较为全面的风险定义，孙良媛曾指出在特定时期与特定客观环境的前提下，风险被定义为人类理性的有限与事物发展的不确定性致使经济行为个体的实际收益与预期收益发生偏差的程度。其指出风险活动应该具备客观性、参与性、环境性、潜在性与可度量性。王克对风险概念的理解为如果实际收益高于预期收益，那么二者之间发生的偏差不应该视为损失风险。由此，本书结合孙良媛与王克的观点，将风险界定为在特定的历史时期与客观环境下，由于社会经济行为个体对事物发展变化的不确定性的理性认识局限，所导致的实际收益低于预期收益的偏离程度。

Joy Harwood 认为农业单产风险是农作物单产、畜牧产量的下降程度。国内学者沈满洪结合邢鹂和钟甫宁的研究结果，将农业生产风险定义为由风险因子导致的农产品实际单产低于预期的可能性，并将农业生产风险的成因从简单的气象灾害扩充到包括生产过程中要素配置的合理性、田间管理精细程度、污染、病虫害等一系列可能的减产因素。同时，他将农业生产风险的量化厘定为单产损失的大小及单产损失发生的可能性两个维度。因此，本书所界定的作物生产风险，又称作物单产风险，是指农作物从种植到收获的整个生长过程中遭遇各种非人为因素的影响而引起的实际单产低于预期单产的偏离程度，是农民面临的除市场风险、制度风险之外的三大主要风险之一，同时也是各国从事粮食作物生产的农户最关注的一种风险。实际上，能够引起农作物单产风险水平下降的因素不仅包括各种自然因素的影响，还与农民选用种子质量的优劣、农田耕作技术、农药化肥的用量以及生产管理的强度等有关。农业补贴政策、市场价格波动等因素也对农民的作物生产决策产生一定影响。因此，农民进行作物生产过程当中遭遇的作物单产风险应该是农业自然风险、农业技术风险和农业行为风险等各类风险影响因素综合作用的结果，这其中有的是可保风险因素而有的是不可保风险因素。根据本书对风险的界定，作者认为在明确了可保风险的前提下，可以通过作物单产随机负波动的程度进行作物单产风险大小的评估，即通过作物单产实际值与预期值发生偏离的期望损失概率分布进行衡量。

3.3.2 作物单产风险评估的生存模型

目前，国内保险研究领域基于生存分析的保险精算方法（survival analysis method，SAM）被广泛应用于寿险中分析不同风险水平投保人的生存与死亡风险状况，测算其期望死亡密度。本书针对多个保障水平下的农作物单产风险损失与保费精算问题，借鉴美国作物保险计划的实践经验，应用寿险精算模型来分析、预测作物单产的基础风险和巨灾风险趋势，通过构造作物单产风险的生存模型，编制生命表、绘制生存曲线确定单产损失分布来进行纯费率的厘定，填补国内作物保险领域在生存分析方法研究方面的空白。本节重点对生存模型如何用于农作物保险精算中对单产损失风险率的测算进行推导。

3.3.2.1 作物保险的生存函数

在作物保险中，投保农作物的达产和损失状况是保险精算的重要基础，视投保作物某一特定保障水平下产量的达产（生存）和损失（死亡）时间为随机变量，即作物发生产量损失的时间为随机变量，在此前提下进行损失风险概率与保险费率的测算。

以X记投保作物发生产量损失时的生存时间，则X是一个随机变量，用F（x）表示X的分布函数：

$$F(x) = Pr(X \leq x) \quad x \geq 0 \tag{3.3.1}$$

记 $$s(x) = 1 - F(x) = Pr(X > x) \quad x \geq 0 \tag{3.3.2}$$

这里，对于任何一个正数x，F（x）等于作物的特定投保产量在第x个时间单位（通常为整数年）或之前发生损失的概率，而s（x）等于投保产量在第x年发生损失（即x年以后减产）的概率，称函数 s（x）为生存函数（survival function）。精算学研究的出发点是生存函数，起的作用与统计学中的概率分布函数相同，在性质上，生存函数与分布函数是等价的，在数学表达式上，二者是互余关系。计算与作物发生减产损失（死亡）时间相关的概率，既可以采用分布函数又可以采用生存函数形式。例如，作物的投保产量在x与z时间段内发生损失的概率可以表示为：

$$Pr(x < X \leq z) = F(z) - F(x) = s(x) - s(z) \tag{3.3.3}$$

可以将投保作物在一直保持到x年没有发生特定保障水平产量损失的条件下，于第x年与第z年之间发生损失的条件概率表示为：

$$Pr[x < X < z | X > x] = \frac{F(z) - F(x)}{1 - F(x)} = \frac{s(x) - s(z)}{s(x)} \tag{3.3.4}$$

用（x）表示在某一保障水平下x年未发生损失的投保作物产量，或称作x年的产量寿命，X为（x）发生损失的生存时间，引入精算学符号：

$$_{\Delta x}q_x = Pr[x < X < x + \Delta x | X > x] \tag{3.3.5}$$

$$_{\Delta x}P_x = 1 - _{\Delta x}q_x \tag{3.3.6}$$

这里，$_{\Delta x}q_x$的含义是（x）将于x+Δx时段内发生特定保障水平产量损失的概率。同理，$_{\Delta x}p_x$的含义是（x）生存到x+Δx年的概率，即$_{\Delta x}p_x$就是（x）的生存函数。

$$Pr[x < X < x + \Delta x | X > x] = \frac{F(x + \Delta x) - F(x)}{1 - F(x)} = \frac{s(x) - s(x + \Delta x)}{s(x)} \tag{3.3.7}$$

可见，$_{\Delta x}q_x$实际上是作物在一直保持x年未发生特定保障水平产量损失的条件下于第x年与第x+Δx年之间发生了减产的条件概率。当Δx = 1时，Δx可以省略不写，则得到（x）在一年内发生的产量损失概率为：

$$q_x = \frac{s(x) - s(x + 1)}{s(x)} \tag{3.3.8}$$

3.3.2.2　单产损失风险率的推导

令（3.3.7）式以泰勒式近似展开，得到：

$$_{\Delta x}q_x = Pr[x < X < z | X > x] = \frac{F(x + \Delta x) - F(x)}{1 - F(x)} \cong \frac{f(x)}{1 - F(x)}\Delta x \tag{3.3.9}$$

其中，f（x）= F′（x）表示发生特定保障水平产量损失时间（连续性随机变量）的概率密度函数。

$$\frac{f(x)}{1 - F(x)} = \lim_{\Delta x \to 0} \frac{P[x < X \leqslant x + \Delta x | X > x]}{\Delta x} \tag{3.3.10}$$

瞬时损失风险率记作μ_x，显然有：

$$\mu_x = \frac{f(x)}{1 - F(x)} = \frac{F'(x)}{1 - F(x)} = \frac{s'(x)}{s(x)} \tag{3.3.11}$$

$\mu_x > 0$是描述作物投保产量瞬间损失水平的标量，在寿险精算系统的可靠性理论中称作死亡风险率函数。用瞬时损失风险率来确定X的分布，用y替换式（3.3.11）中的x，经过整理得到表达式如下：

$$-\mu_y dy = d \ln s(y) \tag{3.3.12}$$

对表达式（3.3.12）从x到x+Δx积分，则：

$$-\int_x^{x+\Delta x} \mu_y dy = \ln [\frac{s(x + \Delta x)}{s(x)} = \ln {_{\Delta x}p_x}$$

将上式两边取指数，得出：

$$_{\Delta x}p_x = \exp(-\int_x^{x+\Delta x} \mu_y dy) \tag{3.3.13}$$

用s＝y－x进行代换，把式（3.3.13）改写为如下形式：

$$ {}_{\Delta x}p_0 = \exp\left(\int_x^{\Delta x} \mu_{x+s} ds\right) \tag{3.3.14}$$

特别有，

$$ {}_{x}p_0 = \exp\left(\int_x^{x} \mu_{s} ds\right) \tag{3.3.15}$$

故，

$$ f(x) = F'(x) = {}_{x}p_0 \mu_x \tag{3.3.16}$$

分别用g（Δx）、G（Δx）表示x的剩余生存时间X−x的概率密度函数与分布函数，且已知G（Δx）$= {}_{\Delta x}q_x$，则有：

$$ g(\Delta x) = \frac{d}{d(\Delta x)} {}_{\Delta x}q_x = {}_{\Delta x}p_x \mu_{x+\Delta x} \tag{3.3.17}$$

可知，${}_{\Delta x}p_x \mu_{x+\Delta x}$为（x）在x与x+Δx之间发生产量损失的概率，且有：

$$ \int_0^{\infty} \mu_{x+\Delta x} d(\Delta x) = 1 $$

$$ \mu_{x+\Delta x} = \frac{d \ln {}_{\Delta x}p_x}{d(\Delta x)} = -\frac{d\ {}_{\Delta x}p_x}{d(\Delta x)} \cdot \frac{1}{{}_{\Delta x}p_x} \tag{3.3.18}$$

上式表示x在x+Δx发生特定保障水平产量损失的瞬时风险率。从而可以推导出作物保险中投保作物x在第n年发生特定保障水平产量损失的风险率计算公式：

$$ {}_{n}q_x = \int_0^{n} {}_{\Delta x}p_x \mu_{x+\Delta x} d(\Delta x) \tag{3.3.19}$$

3.4 本章小结

本章首先基于保险精算基础理论分别从政府、保险公司与农户三方的角度阐述政府补贴的最优规模、保险公司采用统一费率的弊端以及政策性作物保险的定价原理与方法，论证了保险统计精算价格厘定的决定因素——保障水平和期望损失风险，针对生存模型如何对作物保险中损失风险率的测算进行推导。

本章主要研究内容与研究成果如下：

（1）从福利经济学角度分析我国农业保险的准公共产品属性及其外

部性特征，分析了其外部性主要表现在农业保险产生了社会效益的外溢。应用农业保险的外部性理论阐述达到社会福利最大化目标时，保费金额与农户实际支付意愿金额决定了政府对保险价格补贴的最优规模。

（2）应用收支平衡原理和期望效用原理分析了在非对称信息市场下如何达到我国农业保险市场均衡状态。对于保险公司而言，当为所有投保农户提供了统一均衡的保险价格时，实际上高风险农户被过度保险，而低风险农户却被过度收费。当保险公司欲对不同风险的农户提供不同保险价格时，势必不能对高风险农户太具吸引力，因此最终均衡的结果实际上对高风险农户的保险是合适的，但对低风险农户的保险却是有偏的。从而得出当不可能达到信息完全对称时，相比使用统一保障水平的统一保费，不如根据投保者风险类型提供差异化保险价格，至少可以使高风险农户达到完全保险状态，让农业保险市场达到次优均衡。

（3）根据农户期望效用最大化，推导出保险统计上公平合理的保费应该等于农户的生产期望损失。保险统计精算上的合理价格取决于纯费率的厘定，纯费率厘定的两个主要决定因素为农户所选择的产量保障水平 θ 与农作物单产期望损失风险率 E［Loss］。针对多个保障水平下的农作物单产风险损失评估与保费精算问题，基于本书对作物单产风险的界定，重点研究了风险损失评估的生存分析精算模型，并针对生存模型如何对作物保险中损失风险率的测算进行了公式推导，拟采用该方法填补国内作物保险精算领域应用研究的空白。

4 政策性作物保险定价背景评估及现状调查分析

4.1 我国作物生产风险的识别与可保性分析

4.1.1 作物生产风险识别及成因分析

作为“农民保护伞”的农业保险，其所承保与理赔的复杂性主要源于农业风险的特殊性。首先，农业生产的诸多风险之间普遍存在高度的相关性，某种纯粹风险并非独立存在，并且风险单位不是均匀分布，通常伴随区域性与差异性特征。其次，农业生产随时受到巨灾损失风险的威胁，其损失程度很难评估。最后，信息不对称所导致的逆向选择与道德风险问题使得经营农险的交易成本远远大于其他的保险业务。

农业生产中这些特殊风险的综合影响，难以满足农业保险中理想的风险可保性条件，因此，政府与保险公司必须在明确识别农业生产包括哪些风险因素的基础上，才能定性与定量地分析风险的可保性。例如，

2021年我国极端强降雨过程多、致灾性强、破坏性大，造成地区经济作物和粮食作物明显减产。7月中下旬，河南省遭遇历史罕见特大暴雨，发生严重洪涝灾害，再次敲响了大灾风险管理的警钟，也对我国的农业风险管理提出了挑战。目前，我国农业现代化程度仍然不高，多数小规模经营的农户规模生产的组织程度相对薄弱，能够引起农业生产过程中产量损失的风险因素主要取决于农业特殊的生产环境和农户的生产行为，归纳起来，主要包括自然风险因素、技术风险因素和行为风险因素。

1）自然风险因素

自然风险因素之所以被认为是农业生产过程中的主要风险来源之一，是因为从古至今，广大的劳动农民必须看天吃饭，由自然力的不规则变化造成的农作物产量损失一直以来是农民不得不面对的一大难题。自然因素对农业生产的影响在所有风险因素之中所占的比重最高，影响强度也最大。

农业生产作为受自然风险因素影响很大的产业，生产的对象——动物、植物等都是具有生命体征的有形物质。自然风险当中对农业生产影响最大的有气象灾害、环境风险、动植物病害、地壳变迁等风险因素。当人类无法用现有的智慧与技术手段对自然力的变化规律进行控制与支配时，农业生产过程中的生产资料、生产对象与劳动力要素势必要随时处于不可抗的自然力威胁当中。自然因素所导致的农作物灾害现象复杂多变，包括火灾、水灾、大风、旱灾、冰雹、霜冻、虫灾、洪涝、地震、瘟疫以及其交互影响引起的农作物产量的损失与对农业再生产的阻碍，除此之外这些灾害风险还可能威胁劳动人民的财产与生命安全。

虽然随着农业现代化程度的不断提高、科学技术不断进步，农业生产中预测与防范自然灾害的方法在不断更新，然而人们不能事前对台风、洪涝、降雪等种种自然力的不规则变化实现百分之百的预知，更无法准确测算某种灾害如洪涝、干旱、大风、病虫害等发生时对农作物的影响。这些自然环境存在的风险因素导致了可能发生的自然灾害往往具有较强的系统性，也就是说，灾害一旦发生，对某一地区农业产量的影响甚至是毁灭性的。

2）技术风险因素

技术风险因素指的是在农业生产过程中，由于农民缺乏必要的技术措施或是在使用相关技术手段时出现了某些方面的技术障碍而导致农产品产量下降的风险因素。由农业技术问题导致的生产风险主要包括以下方面：

（1）农民没有采用必要的生产技术。虽然科技的发展对各行各业的生产效率起到了不可或缺的推动作用，然而农业的生产主体——农民的生产、经营与管理仍基于传统的经验，依靠祖辈积累下来的务农方法或者向亲朋乡里学习相关经验方法，仍有部分农民缺乏必要的生产技术。资料显示，2023年我国有30%的农民仍然完全依靠体力从事传统的农作物生产，他们缺乏系统的农业生产技术。一年之内接受过3次以上的技术培训的农民不足半数，我国农民的科技培训覆盖面仍有限。因此，我国的农产品生产与加工的效率远低于发达国家水平。整体农产品深加工比例仅占发达国家的1/3。随着我国入世承诺的完全兑现，农民由于生产技术的缺失仍可能遭受巨大的农产品供应风险。

（2）农民自身文化水平制约。农民的科学文化水平制约了先进技术和装备在农业生产中的应用。现代农业需要有职业素养的农民，懂农业、懂技术、懂管理的新型职业农民是振兴乡村的生力军。

（3）农业技术本身有问题。当农民引进一项生产技术时，如果事前不了解该技术存在的缺陷和不足，在生产过程中没有采取必要的防范措施，抑或由于各种条件的约束，使农民所采取的防范手段失效，就会导致农业生产效率的降低或者产量受损。

3）行为风险因素

与价格风险相比，农户行为风险因素对产量的影响更大。例如，面对实际农业生产中的市场变化，大多数自身文化和素质比较低的中、小耕作规模的农民，由于受到各种自然与技术等因素的限制，靠自身的行为无法作出适当的调整，仍然采用传统的方式被动地承担着风险，从而导致农作物产量下降。

4.1.2 作物保险中的可保性风险分析

农业保险只能承保纯粹性风险，然而纯粹性风险只是保险公司承保风险的必要条件，即并不是所有纯粹性风险都可保，理想的可保性风险应该满足大量分散且无相关性的条件。因此，可能的可保性风险主要有农业气象灾害风险、农业地质灾害风险、农业生物灾害风险以及农业环境灾害风险等。一般来说，农业保险所分散、转移和补偿生产损失的可保性风险必须满足以下基本条件：①存在大量的同质风险，且满足大数定律；②风险损失的发生必须带有偶然性；③风险损失能够得以确定和测量；④价格的确定必须合理，费率不可过高，使投保人能够承担起保费。严格来讲，依照经典保险理论的描述，大多数农业生产风险都不满足可保性，因此如果使用传统的保险技术，往往导致高成本、高损失率、高赔付率以及高风险的经营结果。国内外农业保险经营的实践都证明了农业保险面临非常复杂的技术难题。那么，我国农业生产风险的可保性又如何呢？

1）农业风险的大数定律适用性分析

保险只有在众多风险标的存在的前提下才具有风险分散的作用，因此，可保风险必须满足大量的而非少数保险标的都有遭受同一种损失风险的可能。同时，随着风险单位数量的加大，该种损失风险事件所发生的概率分布可以显示出明确的规律性，即随风险标的的增加，风险损失的预期发生次数和风险损失的总量都显示出规律性的增加。

根据大数定律，风险损失概率在单一事件下无法预测，只有在大量同质事件发生的情况下才能够预测出其损失风险率的结果。而对于保险的对象农作物产量来说，大多数都要受到病虫害、气象灾害和地质灾害的威胁，相对而言，这些自然风险因素满足风险单位大并且独立风险事件数量有限的条件。相比之下，自然灾害风险发生的频度和强度要比农业技术风险和行为风险因素更为复杂多变，各年份之间一般不存在具有相关性的灾害风险类型，随着保险经营年份的增长，大范围的风险单位的数量也不断增长，尤其是当全球性的农业保险再保险体系建立以后，农业自然灾害风险因素的独立风险数量会更加充足。这就意味着自然因素风险可以在全国甚至世界范围内得以有效分散，从而大大增强其可保性。

2）农业风险损失的偶然性分析

当一种风险损失的发生不会引发利益的获得时，可称之为纯粹性风险。正是因为纯粹风险产生了损失的机会，才可用保险这一手段给予补偿。综合分析农业生产中的各种风险因素，不难发现农业气象灾害风险、农业地质灾害风险、农业生物灾害风险以及农业环境灾害风险等可以满足意外性或者偶然性条件，并且其变化规律可以通过大量实验进行观测，通过损失风险概率的测算，进行费率厘定和承保。同时，偶尔也会有一些投保农户夸大减产损失或者通过某种不正当行为故意使作物造成减产损失来骗取赔偿，也有个别农户故意采取某种技术手段制造作物减产损失。

3）农业风险损失核定的技术性分析

对于农业风险可保性的确定，除了损失风险事件的发生必须满足偶然性外，还需要有长期完整的数据，用以统计分析该风险因素发生的损失概率大小，进而厘定出保险的费率。因此，相对于一般财险损失核定，农业生产风险的核灾定损难度更大。农业风险测算的困难主要表现在以下几个方面：首先，除自然灾害之外，农民的主观态度与行为在制造和规避作物减产损失方面都存在非常大的影响。其次，即使是自然灾害的发生也往往是多种因素交互作用的结果，测算某一种灾害引发的部分产量损失要比计算农作物的全损程度难度大得多。最后，相对于技术风险与行为风险因素来说，自然灾害具有非人为因素的不确定性。对于自然灾害风险来说，通常未来发生的灾害损失比过去的还要严重，在理论上，当保险公司制定保险金额的时候，虽然多数的保险标的损失金额可以根据以往的损失数据进行确定，但往往实际操作时会遇到一些技术难题，例如，作物保险的保额是基于成本投入来确定还是应该基于农户的实际产值来确定？假如农户的投保作物在壮苗期遭受灾害损失引发了绝产，对农户来说，选择以物化成本为保额的作物保险，可以基本保障其损失成本，但是，假如农户的投保作物在收割期遭受绝产，那么农民的期望产值收益要比这种物化成本的保险金额大多了。因此，衡量风险损失在技术上存在一定困难。

通过以上分析，不难发现在我国农业生产风险因素当中，只有自然风险因素满足可保风险的要求。基于本书的研究假设，农业可保风险在不包括农户为了骗保而故意使用假种子、不适量使用农药化肥的行为与技术风险等因素条件下，农作物正常生产过程中的单产损失是影响作物生长的各种自然因素造成农作物单产损失风险（比如旱灾、病虫害等或其交互影响）综合作用的结果，真正体现了作物的可保性生产风险。与此同时，这些自然灾害风险造成的农业生产损失的地点、时间和损失金额在能够加以确定的条件下，经济上具有可行性，风险标的满足承保要求的另一个必要条件是农户所支付的保险价格应该公平、合理，不能太高。我国农业保险政策从可保性上来看，所面临的最大问题就是保险费率过高，尤其是普遍实行的作物MPCI保险更是如此。保险费率过高的根本原因在于农业自身所面临的高风险的现状。风险居高不下的情况下，只有政府能在农户交纳的保费和保险公司经营的管理费用上给予合理的补贴和政策支持，从根本上降低农民的实付费率。

4.2 我国政策性农业保险发展的四个阶段概况

农业保险作为农业风险管理的有效手段，在分散风险、稳定农业生产方面发挥了重要作用。我国农业发展现存的问题如下：首先，从区域发展的角度分析，我国农业经济存在区域发展不平衡的问题，并且由于地理区位存在差异，导致不同地区的农业生产面临的自然环境条件存在较大差异，种种因素加剧了地区农业发展不平衡的问题；其次，从风险管理的角度分析，我国幅员辽阔，地形地貌多样且复杂，致使我国成为世界上受自然灾害影响最大的国家之一。农业自身的弱质性、农业生产过程的季节性和周期性等特点，决定了农业是一个易暴露于各类自然灾害风险下的产业，加之农业生产经营对气象条件以及地质条件有很强的依赖性，这导致了自然灾害风险对农业生产经营以及粮食安全构成较为严重的威胁。《中国统计年鉴》的数据显示，近十几年来，我国农作物平均每年的受灾率约为30%，平均每年成灾率约为20%。农业保险不失为一种抵御难以预测的自然灾害风险的优质选择。

在农、林、畜、渔等产业生产过程中，难免会受到各种自然灾害或病虫害等的影响，从而造成不同程度的经济损失。2002年修订的《中华人民共和国农业法》中提及了“政策性农业保险”这一概念。自2004年以来，我国农业保险进入了新的试点阶段。农业保险制度在实施3年后迎来了重要转折点，我国在财政补贴上加大了对农业保险的支持，给予农民保费补贴，极大减轻了农民负担。经过多年的发展，我国农业保险取得了极大的进步。从历年的中央一号文件里，能看到农业保险经历的四个阶段。

4.2.1 第一阶段：政策性农业保险道路探索阶段（2004—2006年）

我国农业保险经历了多年试验不成功、主要承保人退出农业保险市场的低谷时期。2004年，提出加快建立政策性农业保险制度，选择部分产品和部分地区率先试点，有条件的地方可对参加种养业保险的农户给予一定的保费补贴；要建立政策性农业保险制度，在有条件的地方进行试点并给予补贴。2005年，提出扩大政策性农业保险试点，鼓励商业性保险机构做农业保险。2006年，指出各级财政要增加扶持农业产业化发展的资金支持龙头企业发展，并可通过龙头企业资助农户参加农业保险。

这一阶段，中央要求稳步推进农业政策性保险试点工作，加快发展多种形式、多种渠道的农业保险，但还没有明确政策性农业保险是主要的农业保险形式。

4.2.2 第二阶段：政策性农业保险试验阶段（2007—2012年）

2007年中央一号文件明确指出，要“按照政府引导、政策支持、市场运作、农民自愿的原则，建立完善农业保险体系”，提出扩大政策性农业保险试点，并明确提出“各级财政对农户参加农业保险给予保费补贴”。这是一个根本的变化和明确的政策导向。根据文件精神，财政部第一次增加了“农业保险保费补贴”的预算科目，并列支10亿元，选定6个省的小麦、水稻、玉米、大豆、棉花5种农作物进行政策性农业保险的试点。同年下半年，为稳定生猪生产，增加了能繁母猪保险的试点。次年，正式提出增加生猪和奶牛的政策性保险，财政部门也相继制定了种植业和养殖业保险费补贴管理办法。2009年、2010年、2012年不断提出总结试点经验，稳步扩大试点范围，增加险种、扩大覆盖面等。2010年，中央财政加大了对中西部地区保费的补贴力度，鼓励各地对特色农业、农房等保险进行保费补贴，对中西部和东部地区的补贴标准进行区分，种植业给中西部地区补贴40%、东部地区补贴35%。

这一阶段，中央一号文件连续5次提到建立财政支持的大灾风险分散机制。可见，这一阶段中央对农业保险问题的态度已经非常明确：第一，必须建立政策性农业保险制度；第二，加快政策性农业保险的发展，不断扩大试点范围，增加政府补贴保费的保险标的和险种，扩大覆盖面；第三，为保证政策性农业保险制度的可持续性，需要建立由政府财政支持的大灾风险管理制度。这一时期，学术界有一场关于“政策性农业保险”和“有补贴的商业性农业保险”的争论，可见对建立政策性农业保险制度的问题各方并没有完全达成共识。

4.2.3 第三阶段：政策性农业保险初步规范阶段（2013—2019年）

2012年11月，在总结6年试点经验的基础上，国务院颁布了《农业保险条例》。之后几年的中央一号文件都是指导有关部门细化政策，特别是财政政策。2013年，提出保险与其他支农金融工具协作配合，建立农业信用担保体系；完善农业保险保费补贴政策，对不同地区、不同险种进行差异化补贴；再次提出制种保险；第6次提出建立财政支持的农业保险大灾风险分散机制。2014年，提出探索粮食、生猪价格保险试点；提高中央和省级补贴比例，减少或取消产粮大县县级保费补贴比例；提高三大作物承保覆盖面；考虑中央财政“以奖代补”的政策；

再提鼓励合作保险；第7次提出建立大灾风险分散机制；提出探索贷款保证保险和信用保险。2015年，第2次提到价格保险；制种保险纳入中央财政补贴目录；再次强调加快研究出台以奖代补政策；扩大森林保险；提出农村金融立法。2016年，提出病死畜禽无害化处理与养殖业保险联动机制建设；积极开发适应新型农业经营主体需求的保险品种；建立农业补贴、涉农信贷、农产品期货和农业保险联动机制；积极开发适应新型农业经营主体需求的保险品种；第3次提到价格保险；第1次提出探索收入保险；支持地方发展特色农险、渔业保险、设施农业保险；第1次提到"保险+期货"；第8次提出大灾风险分散制度。

这一阶段，国家实行大宗作物（棉花、大豆、玉米）的定价机制改革，政府希望农业保险能为"价补分开"（即价格"随行就市"，另外安排补贴）之后的大宗农产品担负起价格和收入的风险保障的重任。价格保险、收入保险、"保险+期货"等产品在这个时期一再被中央一号文件提及。特别是"期货+保险"的试点受到各方面的期待。考虑到各方面对"物化成本保险"的保险金额太低的呼声，2019年中央一号文件提出"推进稻谷、小麦、玉米完全成本保险和收入保险试点"，加快建立多层次农业保险体系。考虑到地方特色农业保险产品对地方政府财政的压力，中央一号文件4次提到中央财政对地方特色农业保险产品实行以奖代补试点，扩大了中央财政补贴的标的范围。

4.2.4 第四阶段：农业保险高质量发展阶段（2020年至今）

2019年9月，经过中央全面深化改革委员会的批准，财政部、农业农村部、银保监会和林草局四部门联合发布了《关于加快农业保险高质量发展的指导意见》，提出了2022年和2030年的发展目标和高质量发展农业保险的若干指导意见，即要适应农业农村现代化发展和乡村振兴的需要，适应农户需求，提高保障水平，并且可持续发展。2023年，中央一号文件提出逐步扩大稻谷、小麦、玉米完全成本保险和种植收入保险实施范围；实施大豆完全成本保险和种植收入保险试点；发挥多层次资本市场支农作用，优化“保险+期货”；鼓励发展渔业保险。

这一阶段，国家连续4年对农业保险高质量发展的若干重要问题提出了指导意见，包括推进和扩大三大粮食作物完全成本保险，将糖料蔗、大豆纳入完全成本保险的试点，并提出了减轻产粮大县县级补贴负担的意见，将以奖代补政策扩大到全国，再次提到健全农业再保险的问题等。财政部门根据中央一号文件及时制定了相关政策和实施办法。中国农业再保险公司也在2020年获批开业。随着乡村振兴战略的实施，2022年，三大粮食作物完全成本保险和收入保险试点范围扩大至13个粮食主产省份，农险政策进一步“扩面、提标”，农险保费持续快速增长。

4.3 我国政策性农业保险发展现状评估分析

4.3.1 政策性补贴及农业保险市场均衡分析

4.3.1.1 农业保险财政补贴发展现状

2004年，我国开始对农业保险进行政策性补贴试点。2007年，财政部首次发布农业保险保费补贴管理办法，指导各省份开展保费补贴工作，提高财政资金的利用效率。自此以后，财政部多次调高对农业保险的补贴比例、扩大补贴范围及作物品种，针对不同地区经济发展水平与财政实力调整补贴比例。从整体上看我国农业保险基本实现了预期的优势，政策性农业保险的农业支持能力显著增加。2007—2021年间，中央财政补贴从21.5亿元增长到333.45亿元，平均放大保费补贴资金65倍、中央直接补贴130倍；农业保险的财政补贴放大能力逐年增强，从2007年的52.37倍增长至2021年的163.57倍。我国农业保险中央财政补贴与风险保障能力对比见表4-1。

表4-1　　我国农业保险中央财政补贴与风险保障能力对比

年份	中央财政补贴（亿元）	总保费（亿元）	风险保障（万亿）	基金放大效应	保障放大效应
2007	21.50	51.84	0.11	2.41	52.37
2008	38.99	110.69	0.24	2.84	61.49
2009	49.46	133.93	0.38	2.71	77.07
2010	50.21	135.68	0.39	2.70	78.53
2011	66.04	173.80	0.65	2.63	98.77
2012	91.50	240.80	0.90	2.63	98.43
2013	119.57	306.59	1.39	2.56	116.25
2014	130.28	325.78	1.66	2.50	127.42
2015	146.14	374.90	1.96	2.57	134.12
2016	158.30	417.71	2.16	2.64	136.45
2017	179.04	479.06	2.79	2.68	155.83
2018	199.34	572.65	3.46	2.87	173.57
2019	265.59	672.50	3.81	2.53	143.45
2020	259.70	603.83	4.13	2.33	145.72
2021	333.45	965.18	4.78	2.89	163.57

2022年，中国银保监会发布了《农业保险承保理赔管理办法》，在严格遵守《农业保险条例》规定的基础上，对农业保险协办机制从协办机构、协办原则和费用管理等方面进行了细化规定，进一步完善了农业保险协办机制。根据相关规定，赔款支付必须以现金的方式直接赔款到账户上。此外，农业保险的市场竞争也推动了各种保险企业主动提升服务质量和服务效率。通过各种政策渠道和服务手段，农业保险灾害补偿的技术性和准确性得到了显著提高。我国中央财政补贴农业保险政策梳理见表4-2。

表4-2 **我国中央财政补贴农业保险政策梳理**

年份	补贴品种	补贴地区	央地财政补贴比例
2007	能繁母猪	中西部、新疆生产建设兵团及中央直属农垦局	中西部：地方30%，中央50% 中央单位：中央80%
2008	玉米、水稻、小麦、棉花、大豆、花生、油菜等油料作物	地方申请、财政部评定	省级25%，中央35%
2008	能繁奶牛	中西部、新疆生产建设兵团及中央直属垦区	中西部：地方30%，中央50% 中央单位：中央80%
	奶牛		中西部：地方30%，中央30% 中央单位：中央60%
2012	水稻、玉米、小麦、油料作物、棉花、马铃薯、青稞、天然橡胶、森林、糖料作物	全国	东部地区：省级至少25%，中央35% 中西部地区：省级至少25%，中央30% 中央单位：中央65%
	能繁母牛、奶牛、育肥猪、牦牛		东部地区的能繁母牛和奶牛保险：地方至少30%，中央40% 育肥猪保险：地方至少10%，中央10%

续表

年份	补贴品种	补贴地区	央地财政补贴比例
2017年至今	玉米、水稻、小麦、棉花、马铃薯、油料作物、糖料作物	全国	中西部地区：省级至少25%，中央40% 东部地区：省级至少25%，中央35% 中央单位：中央80%
	能繁母猪、奶牛、育肥猪		中西部地区：地方至少30%，中央50% 东部地区：地方至少30%，中央40% 中央单位：中央80%
	森林：已基本完成林权制度改革、产权明晰、生产和管理正常的公益林和商品林		各地公益林：地方至少40%，中央50% 大兴安岭林业集团公益林：中央90% 各地商品林：省级至少25%，中央30% 大兴安岭林业集团商品林：中央55%
	青稞、牦牛、藏系羊、天然橡胶等		各地：省级至少25%，中央40% 中央单位：中央65%

从表4-2可以看出，2007年以来农业保险赔付支出与历年的政府财政补贴总额度相差不大，但是农业保险落实到农民手中的比例并不是很高，对于农业保险，中央财政补贴的范围是有限的，大部分地区的农产品仍然处于产量风险暴露中，而中央补贴的结构与补贴保费不均匀，效率提升不高。

4.3.1.2 政策性补贴对农业保险市场均衡的影响

2018年，乡村振兴战略提出后，政策性补贴对农业保险产生了积极影响。2019年，农业保险赔付率发生了变化，在国家大幅度提高政策性保险补贴力度的情况下，赔付率明显提高。作者通过协整性分析模型对政策性补贴如何影响农业保险市场均衡做出定量分析，发现中国政策性农业保险整体赔付支出与保费补贴之间存在着密切的协整关系，这正符合经济理论的预测。2004—2023年，我国保费补贴与赔付支出之间仍存在着长期的均衡关系。从长期来看，农业保险赔付支出增长率与当期保费补贴增长率的关系十分密切，且保费收入是制约保险赔付的重要因素。加大保费补贴无疑会使农业保险的赔偿能力得到改善，从而促进中国农业保险最终实现供需平衡。

从长期均衡看，国家实行农业保险政策性补贴以后，保费补贴与赔付水平几乎同步增长，赔付支出对保费补贴的弹性接近0.91，表明当保费补贴每增加1%时，保险赔付支出增加0.91%。政策性补贴促进了农业保险保费补贴的增长，有效改善了农业保险的市场供给，使得中国农业保险市场逐渐摆脱了长期不均衡的状况。2019—2023年，乡村振兴战略的实施使我国农业保险发展迅速、保障范围日益扩大，已经成为国家粮食安全的重要保障工具之一。

中国农业保险高质量发展阶段，在无法有效规避逆向选择和道德风险的不完全信息的农业保险市场中，政府政策性补贴对改善农业保险市场供求均衡的贡献率达到了82.13%。这意味着，依照现行农业保险试点的补贴投入与补贴方式，国家只有持续对农民实行高达80%以上的高额直接保费补贴政策，才能将农业保险市场作为乡村全面振兴的助推器。事实上，作为稳住粮食安全的"压舱石"，我国农业保险通过建立灾前监测体系，加强与气象、农林、水利等部门合作，实现信息共享和协调联动，有效协助政府部门积极开展农业保险理赔和防灾减灾工作。虽然稻谷、小麦、玉米三大主粮作物农业保险覆盖率逐年提高，但是在部分地区，农业保险的投保率甚至不足千分之一，面对政府高达80%的保险补贴，为何仍有农户不愿意投保？虽然每个地区、不同的保险公司赔付和保额的比例不同，但加上政府最高达到90%的保额补贴，政策可以说是比较可观的，究其原因是可供农户选择的不同保障水平的保险产品缺失，赔款太少且理赔复杂。因此，要按照乡村振兴需求推进农业保险改革创新，进一步健全农业保险的政策体系、制度体系、险种体系、基层服务体系和保费补贴分担办法。同时，要探索多保障水平下的三大主粮作物保险定价体系，为粮食安全提供有力保障。

4.3.2 政策性农业保险农民受益程度评估

政策性农业保险是农民支付小额保险费用，对农业生产中自然灾害和意外事故造成的损失进行赔偿。农业保险的初衷是各级政府以财政补贴增加险种保费补贴比例等手段，解决农民的后顾之忧，通过提高农民的积极性推动农业发展。但农业保险对保障农民收入稳定的效果仍有一定提升空间，主要原因是农业保险整体上覆盖面比较狭窄，保障不充足。有关统计数据显示，2012年我国农业保险密度仅有89.08元，仅仅占同期人均农业经营收入比重的4%；从2021年开始我国农业保险金额占农业产值逐年上升，但仍不足60%，而赔付支出占财政补贴的比例高达97.2%。从农户损失补偿方面来看，农业保险保费支出与当年各级政府财政补贴基本持平，但近几年政府财政补贴的总额明显高于农业保险保费支出，这些说明农业保险对财政补贴的改善效果虽然明显，但是农业保险中的农民受益程度仍然处于比较低的状态。例如，内蒙古的孙某是种植大户，2018年种植了530亩小麦以及332.5亩油菜，孙某给自己的小麦和油菜进行了投保，每亩的保费是17元，保费共花了接近15 000元。按照规定若是出现绝收小麦和油菜均可获得每亩200元的理赔，然而旱灾过后，最终保险公司的理赔金额与受损金额相差很大。这样的例子为数不少，2019年，阜阳市临泉县高塘镇刘营村某农户的农作物种植专业合作社在大风、强降水的影响下100多亩地受灾。保险公司加上政府补贴，一共赔付6万多元，与上百万元的损失额度相差太大。

我国农业保险实际补偿能力见表4-3。

表4-3 **我国农业保险实际补偿能力** 金额单位：亿元

年份	农林牧渔总产值	农业保险金额	农业保险金额/农业总产值（%）	各级财政保费补贴	农业保险赔款支出	赔款支出/财政保费补贴（%）
2007	48 652	1 126	2.31	41	30	73.17
2008	57 421	2 397	4.17	86	64	74.42
2009	59 311	3 812	6.43	107	95	88.79
2010	67 763	3 943	5.82	115	96	83.48
2011	78 837	6 523	8.27	138	82	59.42
2012	86 342	9 006	10.43	185	131	70.81
2013	93 174	13 900	14.92	230	195	84.78
2014	97 823	16 600	16.97	251	206	82.07
2015	101 894	19 600	19.24	288	237	82.29
2016	106 479	21 600	20.29	318	299	94.03
2017	109 332	27 900	25.52	363	333	91.74
2018	113 580	34 600	30.46	428	394	92.06
2019	123 968	38 100	30.73	473	528	111.63
2020	137 800	81 500	59.14	285	276	96.84
2021	147 903	96 518	65.26	333	324	97.30

从表4-3可以看出，2007年到2021年，农业保险受到地方财政补贴的限制，覆盖程度存在地域方面的失衡。和脱贫山区等地方相比，平原地区更容易满足农业保险的受保风险和承保标准，地方政府也更有能力建立比较完善和充足的农业保险补贴机制。因此，经济较为发达的平原地区的农户受到农业保险保障的程度更大。相反，脱贫山区农户的农业保险覆盖率仍有待提高，有关统计数据显示，西藏2018年种植的401.7万亩蔬菜都没有参加农业保险，凉山、甘孜、阿坝等地区是乡镇

一级，但是并没有对应的农业保险服务机构。因此，那些适合生长在高寒地带的特色农产品，由于受到种植的范围较为分散、生产的风险较大、交通不便等各种不利因素的影响，并没有得到相应的保险保障。

4.3.3 农业保险机构经营可持续性评估

在产业保障、农户受理之外，保险机构的可持续经营是连接财政补贴与农业发展的有效桥梁，而可持续经营也必将从最初追求经营风险可控转变为长期的稳步成长。

4.3.3.1 农业保险机构经营可持续性的衡量方式

农业保险机构经营可持续性主要是指其农险业务风险可控、财务稳定，而其财务稳定性可基于收支平衡原理通过赔付率、综合成本率、巨灾应对能力等指标加以验证，其中巨灾风险应对能力又可分为巨灾风险的分摊结构、准备金规模、资金摊回效率等。农业保险业务满足财务稳定并具有一定盈利空间的基础上，会主动提升农险覆盖面，业内其他保险公司也会主动争取农业保险的经营权，加入农业保险供给中。而从宏观框架来看，农业保险机构可持续以供需协调为前提，以组织形式高效、组织结构合理为关键，以成本可控、服务高效为根本。其中，供求协调是指农业保险市场的总需求相对稳定，内源性的农业保险需求会在农险运行过程中逐步释放，且逐步释放的内源性需求可在农业保险市场上被转化为有效的农业保险供给；成本可控、服务高效则是社会资源在农业保险市场配置中的基本原则。

4.3.3.2 农业保险机构经营可持续性的评估

1）农业保险长期运营相对稳定，短期赔付波动仍然突出

2007—2022年，我国农业保险年均简单赔付率为65.72%，低于国内同期交强险的68.94%。我国农业保险产业成本等经营成本远低于其他财产保险，即使扣除25%的管理费用，保险机构仍有年均10%以上的承保利润率，因此，我国农业保险经营机构从2007年的15家增长至2019年的35家，期间成立的5家专业农险公司的经营利润率长期维持在10%以上。但我国农业保险经营波动性较大，2007—2022年间其简单赔付率的标准差比同期交强险简单赔付率高。2007—2022年我国农业

保险与交强险收支赔付情况见表4-4。

表4-4 **2007—2022年我国农业保险与交强险收支赔付情况** 金额单位：亿元

年份	农险保费收入	农险赔款支出	交强险保费收入	交强险赔款支出	交强险简单赔付率（%）	农险简单赔付率（%）
2007	52	30	538	270	50.19	57.69
2008	111	64	553	371	67.09	57.66
2009	134	95	668	472	70.66	70.90
2010	136	96	841	621	73.84	70.59
2011	174	82	983	749	76.20	47.13
2012	241	131	1 114	821	73.70	54.36
2013	307	195	1 259	880	69.90	63.52
2014	326	206	1 419	983	69.27	63.19
2015	375	237	1 571	1 081	68.81	63.20
2016	418	299	1 700	1 160	68.24	71.53
2017	479	333	1 869	1 317	70.47	69.52
2018	573	394	2 034	1 384	68.04	68.76
2019	673	528	2 217	1 503	67.79	78.45
2020	815	592	2 270	1 384	60.97	72.64
2021	965	720	2 374	1 474	62.09	74.61
2022	1 219	815	2 034	—	—	66.86

2）巨灾风险管理能力脆弱，前端投入不足且后端分散不力

由于农业保险巨灾风险实为同一时间段内因特定风险发生的集中巨额赔付，因此其破解之道不外乎通过事前风险预防和事中风险控制来降低灾害事故损失额，同时设计合理有效的资金筹措机制以应对损失发生后的集中赔付。但由于我国保险经营机构对农业数据信息掌握不足，无力实现农业风险的全流程管理，进而使事前防损、事中控制都无法实现。而在后端的筹资机制上，我国虽已形成商业再保"农共体"与地方性巨灾准备金相结合的巨灾风险分散机制，但其内部结构仍然较为混乱，各地的巨灾风险保障水平、保障能力仍存在较大的差异。许多地区的农业

风险分摊仍然停留在省市级层面，风险分散能力较弱；而地方购买的农业再保险虽可实现巨灾风险的转移，但一年一保的再保机制不够稳定。

3）供求错配导致经营后劲不足，供给结构失衡将加大市场负担

从我国农业保险市场的供给结构来看，目前的经营可持续性似乎不太乐观。首先，我国农业保险经营可持续性的需求方基础薄弱，政策性诱导仍是其主要驱动力。一方面，省级层面全力推广完全成本保险和收入保险，而各险种的统一保额与费率厘定体系的科学性仍有待论证；另一方面，农户对现阶段农业保险产品了解不足、认同度不高、供给排斥问题普遍存在。农户内源性产量保障的保险需求无法通过保险过程得到释放，农业保险供给缺乏有效的需求支撑。其次，农业保险供方组织结构混乱、组织形式层次不清，相互保险发展缓慢，商业保险机构圈地明显、过度竞争与风险属性不匹配的农业保险扩张会加重机构经营负担。此外，较高的利润空间与财政支持也使得农险经营机构的成本控制和服务意识淡薄，农业保险管理粗放、对农业生产风险控制不足。同时，补保费不补运营的补贴机制弱化了财政支农主动性，地方先行中央配套的固定补贴结构不利于农业保障公平。要提升农业保险财政补贴效率就必须从补贴结构入手，在综合考虑农业产业目标、各方支付能力、补贴激励、道德风险等因素基础上落实央地、公私责任分摊，并建立动态协调机制确保农险补贴高效可持续。近几年，财政部多次调高对农业保险的补贴比例、扩大补贴范围，针对不同地区经济水平与财政实力调整补贴比例。2022年，中央财政对中西部及东北地区补贴比例调整为45%，对东部地区调整为35%。同时，省、市、县各级财政也提供相应的财政补贴。

4.3.4 2022年我国农作物受灾面积、农业保险保费收入及赔付率分析

4.3.4.1 农作物受灾情况分析

中国是一个自然灾害多发的国家，干旱、洪涝、风雹等各种灾害每年都给国家造成经济损失，政府为此要投入巨额资金用于防灾、救灾和抗灾。2022年，中国农作物播种面积为16 992.2千公顷，同比增长0.9%；农作物受灾面积为1 207.2千公顷，同比增长3.2%；农作物成灾

面积为1 996万公顷，同比增长70%。2015—2022年中国农作物播种面积及受灾面积、成灾面积如图4-1所示。

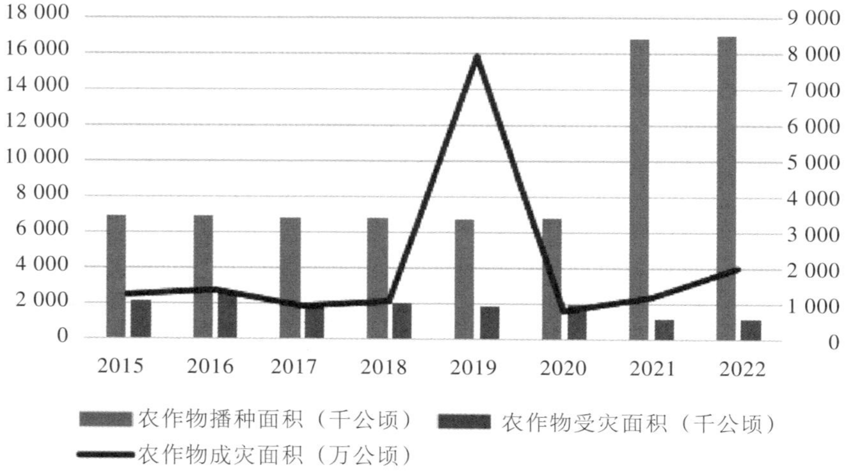

图4-1　2015—2022年中国农作物播种面积及受灾面积、成灾面积

国家统计局的数据显示，2022年中国旱灾受灾面积为2 135.76万公顷，同比下降37.7%。2015—2022年中国旱灾受灾面积及增速如图4-2所示。

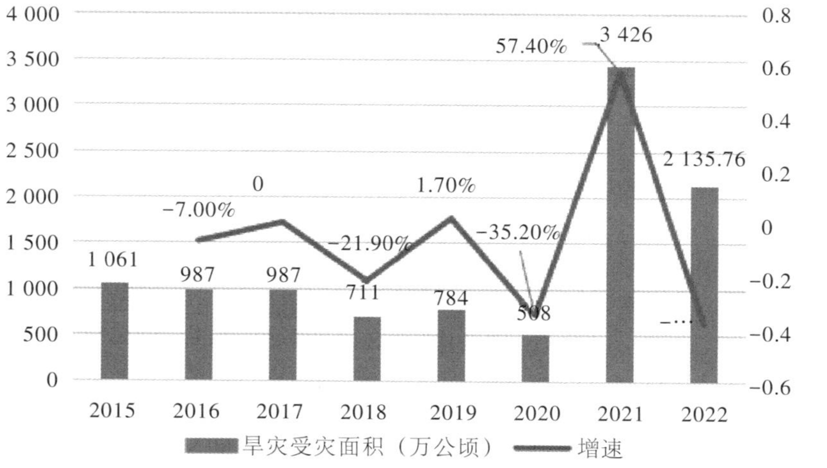

图4-2　2015—2022年中国旱灾受灾面积及增速

4.3.4.2　居民人均可支配收入支出

居民可支配收入是居民可用于最终消费支出和储蓄的总和，即居民可用于自由支配的收入。2022年，中国农村居民人均可支配收入为36 900元，同比增长94.9%；人均消费支出为22 352元，同比增长40.4%。2015—2022年中国农村居民人均可支配收入及消费支出如图4-3所示。

图4-3　2015—2022年中国农村居民人均可支配收入及消费支出

4.3.4.3　农业保险保费收入及增速

作为农业大国，我国农业保险保费收入逐年增加，2022年农业保险保费收入为1 219亿元，同比增长26%。2015—2022年中国农业保险保费收入及增速如图4-4所示。

2016—2021年中央财政对农业拨付保费补贴金额增加，2022年有所下降。2022年，中央财政对农业拨付保费补贴金额为275亿元，同比下降17.42%。2016—2022年中央财政对农业拨付保费补贴金额及增速如图4-5所示。

图4-4 2015—2022年中国农业保险保费收入及增速

图4-5 2016—2022年中央财政对农业拨付保费补贴金额及增速

国家统计局的数据显示，2022年中央财政农业保险保费补贴预算位于前10位的省份分别是内蒙古、河北、湖南、河南、山东、安徽、黑龙江、吉林、广西和四川。其中，内蒙古农业保险费补贴预算为218 412万元，河北农业保险费补贴预算为205 031万元。2022年中央财政农业保险费补贴预算前10位地区如图4-6所示。

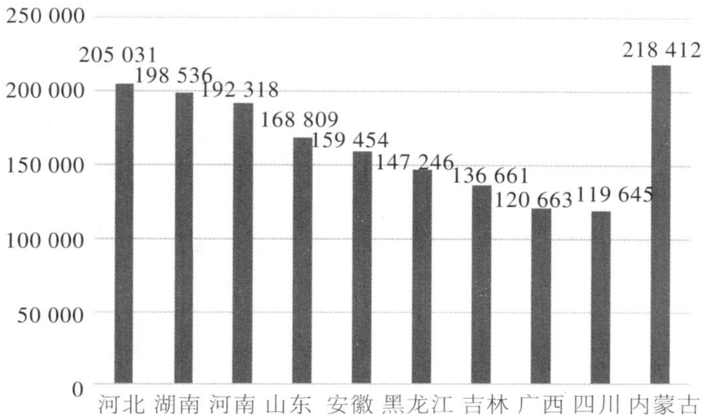

图 4-6　2022 年中央财政农业保险费补贴预算前 10 位地区

我国农业保险赔款及给付金额逐年增加，2022 年农业保险赔款及给付金额为 815.5 亿元，同比增长 13.2%，赔付率为 66.90%。

2015—2022 年中国农业保险赔款、给付金额及赔付率如图 4-7 所示。

图 4-7　2015—2022 年中国农业保险赔款及给付金额和赔付率

资料来源：作者根据相关资料整理。

4.3.5 现阶段我国政策性农业保险产品定价体系存在的问题

现阶段，我国扩大完全成本保险和收入保险试点的政策以及政府的推进力度前所未有，政府经过慎重论证和准备，不断扩大农业保险保障的试验范围，确实是推动农业保险高质量发展、促进农业现代化和提高农业生产风险保障的多赢之举。目前，我国已有13个省份812个产粮大县开始进行完全成本保险和种植收入保险的试验。首都经济贸易大学的庹国柱教授多年来对试点的两种农业保险产品进行了全面、深入研究，发现我国政策性农业保险产品定价的不合理问题发人深省。作者也在深入农村调查过程中从基层农户投保实践中发现保额与费率厘定的方法值得商榷。其中，完全成本保险和物化成本保险的产品设计、经营方式差不多，问题相对少一些，而收入保险无论是产品内容、产品形式、费率厘定和经营方式都与传统的成本保险有很大差别，特别是产品定价方面还没有作出规范，缺乏相关经验。从实际了解到的情况来看，政府、农户和保险公司对收入保险的认识和期望存在差距，收入保险并非保“收入”。虽然农户在农业风险管理实践中更倾向于选择成本保险，然而现行农业保险的各省统一保额、统一费率的实施方案仍存在亟待解决的问题。

4.3.5.1 完全成本保险和收入保险定价模式的科学性问题

农业保险定价是各方利益均衡的结果。农户和政府作为买单者，自然希望定价越低越好，而保险经营机构则希望按照精算平衡定价，就是要根据不同标的的风险损失概率和适合的大灾模型计算纯费率。同时也要考虑农业灾害发生的不平衡性，至少不能让企业亏损，让企业能持续经营，这是人之常情，也是企业之理性。也就是说，定价还是要尊重科学合理和公平的原则，遵循农业风险发生的规律。

在“公司精算平衡定价+协商定价”和“行政性定价”的普遍“模式”之下，保险公司实际上在很多地区是没有定价权的，有的地方出台的完全成本保险和收入保险的方案，定价都不大听保险公司的意见。《中华人民共和国农业法·农业保险条例》中规定了属于财政给予保险费补贴的险种的保险条款和保险费率，保险机构应当在充分听取省、自治区、直辖市人民政府财政、农业、林业部门和农民代表意见的基础上拟订。完全成本保险、收入保险的保险金额比物化成本高了两三倍，保额的提高意味着保险经营风险增大，其费率应当比原来物化成本保险经营的风险更高才对，但是有的地方政府不仅不允许提高费率，反而要求公司降低费率，为的是在试点扩大后，减少政府的补贴预算。还有的地方甚至"以支（财政预算）定收（保险费率）"，要求保险公司根据本地财政的预算额度和需要支持补贴的承保面积，反推保险费率应该是多少，把一个复杂的精算问题，变成一个简单的算术题。通俗是通俗了，但是实属缺乏科学性。更有甚者，个别地方对于财政补贴的农险产品还搞起了竞价。这种不尊重科学和市场规律的行为如果被各地政府普遍接受，将会加剧保险公司和地方政府农业保险经营各方的博弈，增加无意义成本。缺乏科学依据下的"公司精算平衡定价+协商定价"和"行政性定价"的强制定价模式，会使农业保险达不到理想的政策效果。

4.3.5.2 保额确定与费率厘定的合理性问题

相比作物直接物化成本保险产品，完全成本保险的保额普遍有所提高。例如，不少地区的水稻完全成本保险保额普遍提高到1 000元以上，有的高达1 700元，是原来物化成本保险金额的3倍，这对农户来说的确是件好事。然而，费率厘定怎样做到科学合理呢？有一个地区，政府将拟议中的小麦完全成本保险的保险金额统一定为每亩850元。但是有关调查显示，这个地区的稻茬麦亩产最高也就300~350千克，产值不过800元左右，保险金额850元超过产值存在如下问题：第一，承保有违保险的保险利益原则，不符合《中华人民共和国保险法》第十二条的规定，也不符合保险经营的基本规则。第二，因为存在不当得利的空间，道德风险和逆向选择难以防范。这不仅不利于农业保险的健康经营，也会助长投机行为的产生。因此，在确定保险金额的时候，需要进行多方调查、依据充分，不仅需要征求专业部门意见，倾听大多数中小农户及新型农业主体的意见，还要考虑不同区域生产模式差异造成的基差风险，尽量做到尊重实际，基于市县级风险区划进行科学合理的定价。

值得注意的是，《全国农产品成本收益资料汇编》只能作为各地确定完全成本保险保额的参考，不能作为执行标准。比如，某省的春小麦亩产高的有400千克，但是同一个省有的地方亩产只有100多千克，它们的成本不相同。因为这个原因，以前曾发生过赔付纠纷，因为保险合同确定的保险金额是200元，比实际成本高出两倍还多，接近产值，极不合理。由于省内不同地区差别很大，要确定不同产粮大县的保险金额，还要做进一步调查和分析，需要农业及统计部门据实调查的数据支持。即使同一种作物，一个省内各个地区的产量也很少相同，成本也不一样，因此必须因地制宜。这一观点跟庹国柱教授呼吁了多年的农业保险风险区划和费率分区问题，道理是一样的。一个省不能使用同一水平的费率，同样一个省也不能是同一个保险金额，除非能够证明一省之内的产量完全相同、成本无差别。

4.3.5.3 绝对免赔额与相对免赔额的选择问题

免赔是财产保险经营普遍使用的风险管理工具，就是要让投保人和被保险人也承担一部分风险损失责任，以加强其对于承保财产的责任心，减少和防止道德风险。农业保险实行免赔制度并不是通常采用的绝对免赔率（或者绝对免赔额）制度。在政策性农业保险发展初期，普遍推行的物化成本保险的保险金额很低，只有标的单产收益的1/3左右。因此，《关于进一步完善中央财政保费补贴型农业保险产品条款拟订工作的通知》中规定“种植业保险及能繁母猪、生猪、奶牛等按头（只）保险的大牲畜保险条款中不得设置绝对免赔。同时，要依据不同品种的风险状况及民政、农业部门的相关规定，科学合理地设置相对免赔”。根据相关要求，各保险公司都采用“相对免赔率”，相对免赔率的界限是20%或者30%，损失低于20%（或者30%）不予赔偿，超过20%（或者30%）就不再免赔，损失是多少就赔多少。

在现今试验并推广完全成本保险和收入保险的条件下，由于保险金额普遍达到甚至超过单位标的收益的80%，很可能引发比较多的道德风险和逆选择问题。到底是继续实行相对免赔还是改变为绝对免赔，需要认真论证。实际上，由于保险费率的无差异化，已在不少地区发生过典型的道德风险和逆向选择问题。当前不少地区实行的农业保险产品仍是单一保障水平、统一保额而且是相对高保额，农业保险经营防控风险压力必然陡增。因此，在设计种植业保险产品时，可以选择绝对免赔率，养殖业保险可以采用绝对免赔额的规定，这也是很多国家政策性农业保险成熟和宝贵的经验。

4.4 农户生产风险评估与政策性作物保险意愿调查分析——以辽宁省盘锦市作物保险为例

辽宁省盘锦市地处渤海之滨，位于辽河三角洲的中心地带，土地肥沃，气候宜人，现有耕地面积180万亩，其中有水田150万亩，年粮食产量超过百万吨，占全省总产量的20%，是全国特色商品粮生产基地，也是全国重要的优质大米生产基地。

受到低温冷害及其他生态环境条件的影响，盘锦粮食作物产量呈现年度波动性，经测算产量变异系数（coefficient of variability，CV）为0.12~0.29，说明该地区的农业生产风险较大并且农户的抗灾能力较差。截至2022年底，盘锦市下辖1个县、3个区，即：盘山县、双台子区、兴隆台区、大洼区；共有21个镇、27个街道，285个村、253个社区。作为我国重要的商品粮生产基地之一，盘锦市全面开展作物保险，可以发挥其转移农业作物生产风险的作用，当自然灾害发生时，能够把造成的减产损失降到最低。同时，开展作物保险也是实现稳定该地区农民收入、保障其粮食安全生产等目标的重要手段。

4.4.1 辽宁省盘锦市政策性农业保险发展现状分析

辽宁省是我国的农业大省，早在2008年就已成为第二批全国农业保险试点省份之一。自2013年农业保险条例正式实施开始，辽宁省农业保险进入快速发展阶段，承保范围和保险责任不断扩大。盘锦市作为助力辽宁省农业发展的重要城市，农业保险对其农业生产安全具有重要影响。从2021年起，盘锦市开展玉米完全成本保险和种植收入保险，2022年所有产粮大县不再开展农业大灾保险试点，但必须同时开展直接物化成本保险。盘锦市已实现政策性农业保险投保规模267.83万亩

（万羽/万头），保费收入3 832.03万元，涉及水稻、玉米、马铃薯、油菜、小麦、能繁母猪、育肥猪、公益林、蔬菜、精品水果、牛、羊、谷类、坚果类、茶叶等险种，为21.73万户农户和其他农业经营主体提供风险保障。

2022年，辽宁省响应《关于扩大三大粮食作物完全成本保险和种植收入保险实施范围的通知》，发布了《辽宁省扩大三大粮食作物完全成本保险和种植收入保险实施范围的工作方案》，将盘锦市玉米直接物化成本保额从每亩280元提升到370元。费率方面，水稻由8%降低到4.1%（实际调研数据是5.3%），玉米、小麦、大豆、花生等作物也分别降低了费率。保费承担方面，农户投保只需交纳保费的20%，80%由政府补贴。农业大灾保险试点的保险标的为玉米、水稻、小麦，在全省产粮大县实施，保额及费率区分普通农户和规模经营主体，各级政府同样承担80%的保费补贴。2022年，辽宁省种植业保险工作方案指出，玉米、水稻的直接物化成本保险保额分别为370元/亩、650 元/亩；玉米、水稻的完全成本保险保额分别为770元/亩、1 290元/亩。辽宁省产粮大县三大粮食作物保险费率见表4-5。保费承担比例方面，农户投保交纳20%，政府补贴80%。政府补贴中，中央补贴45%，对省级乡村振兴重点帮扶县和辽西北地区（阜新、朝阳、铁岭，下同）的产粮大县，省级补贴32%、市县补贴3%（具体分担比例由市县协商确定，报省财政厅、省农业农村厅备案，下同）；对其他地区，省级补贴30%、市县补贴5%。

表4-5 **2022年辽宁省产粮大县三大粮食作物保险费率表**

标的	执行地区	费率
玉米	沈阳、鞍山、抚顺、本溪、丹东、营口、辽阳、铁岭、盘锦	6.10%
	锦州、阜新、朝阳、葫芦岛	6.70%
水稻	沈阳、鞍山、抚顺、本溪、丹东、营口、辽阳、铁岭、朝阳、盘锦	4.10%
	锦州、阜新、葫芦岛	4.50%
小麦	沈阳、鞍山、抚顺、本溪、丹东、营口、辽阳、铁岭、朝阳、盘锦	4.20%
	锦州、阜新、葫芦岛	4.60%

在保费规模方面，2015—2019年，盘锦市农业保险保费收入从14.08亿元增加到25.09亿元，保费规模逐年增长，发展势头良好。盘锦市农业保险收支数据见表4-6。

表4-6 盘锦市农业保险收支数据

年份	保险收入（亿元）	同比增长率（%）	赔付支出（亿元）	赔付率（%）
2015	14.08	11.46	15.67	111.29
2016	15.69	10.36	8.37	53.35
2017	17.32	18.22	10.19	58.83
2018	20.45	22.66	9.96	48.70
2019	25.09	22.69	15.69	62.53

4.4.2 辽宁省盘锦市政策性作物保险存在的问题

1）农业巨灾风险抵御能力较差，农户保障需求与自交保费之间存在矛盾

首先，受地理位置和气候等要素的影响，辽宁省各类自然灾害较多且频发。例如，盘锦西部地区常年饱受干旱之苦，一直以来都是干旱的重灾区。虽然面临着比较严峻的巨灾风险，但农业保险企业尚未建立起完善的巨灾风险分散机制。如今，任何一家保险公司都很难独立承担巨灾事故导致的严重后果，而为分散风险所建立的巨灾相关基金或规定赔偿限额等方式的效果不够理想，一旦发生大范围的自然灾害就会出现因为巨额损失引发偿付能力不足等问题。农业保险企业在巨灾事故应急方面由于机制缺失、科技手段应用不到位等原因，对造成的严重后果的预判不完备，无法提前制定合理有效的防灾减损应急预案，丧失了对巨灾风险管理的主动权。

其次，对完全成本保险采取整县推进方式，没有保留直接物化成本保险，对无力支付更高保费或者没有更高风险保障需求的小农户，切断了传统险种的投保渠道，导致部分小农户无法参保。作物完全成本保险及现行的收入保险的保额显著高于传统险种，保费支出也更大。全国试

点险种要求农户自交保费比例达到30%，也高于传统险种，导致农户负担较重。比如，山东省小麦完全成本保险农户自交保费11元/亩，比小麦传统险种自交部分高了175%；湖北省水稻完全成本保险农户自交保费是直接物化成本保险的3.3倍，是水稻大灾保险的2.1倍。试点险种因更好地满足了农户的风险保障需求而具有较大吸引力，担保费压力削弱了小农户的积极性，影响其参保意愿。

2）险种保险条款设计不尽合理，理赔服务能力尚待提高

随着乡村振兴步伐的快速推进，农业保险在分散辽宁省农业风险、促进农业稳定持续发展上发挥的作用越来越大，但其承担的作用却很不可观。究其原因，首先是保额和费率的厘定相对粗放。粮食作物种植面积较为广阔，不同地区成本、产值数据以及理赔风险不尽相同，规模经营户、小农户和贫困户的风险偏好与自身经济收入水平有很大不同。目前推行的作物完全成本保险和物化成本保险均采用统一保额和费率，没有考虑地域和投保对象之间的差异，农业保险产品的条款设计没有考虑广大小规模种植农户的差异化需求，比如，对于近几年由于收购价格攀升而令盘锦农户喜出望外的重要经济作物高粱，并未设计出满足盘锦农户有效需求的保险产品及定价方案。对于作物收入保险，无论是产品内容、产品形式、费率厘定和经营方式都与传统的“成本保险”有很大的差别。从实际了解到的情况来看，政府、农户和保险经营主体对收入保险的认识和期望有所不同，农户对农业保险作物产量保险的多样化需求没有得到满足。

其次，因雪灾、倒春寒、冰雹和干旱等影响，2022年盘锦市受灾范围涉及22个乡，种养业受灾损失达1 600余万元。盘锦市财政局、农业局积极协调中国人民财产保险股份有限公司盘锦支公司开展理赔工作。截至2022年8月，已办理结案1 568起，理赔金额837.05万元，仍有未决案件105件，正在收集农户信息及赔案资料准备赔付。以上数据显示，盘锦市农业保险赔付能力尚待提高。盘锦市农业保险理赔尚未进行的原因如下：一是农业保险本身具有较强的专业性，理赔过程较为复杂，很多农户不是很了解理赔相关的流程和手续，缺乏有效的减损手段。二是在勘查现场方面，大部分采用的是随机抽样等方式，不能够准

确高效地计算出损失的金额，导致农业保险与受损农户之间存在不同的赔偿金额意见，降低了农户对农业保险的认可程度。

最后，由于农业保险理赔一般使用的是现金，存在账目不清、保险赔偿款东挪西借、公款私用等现象，赔偿金额到农户手中的过程非常漫长。截至调查时，盘锦市种粮大县的三大粮食作物投保面积虽已经达到80%，但基于单一费率水平的作物保险险种及费率厘定体系，仍有部分农户对农业保险的保障水平存有更高期望，甚至有农户仍未选择到自己满意的作物保险产品。

3）保险经办机构基层服务能力不足，政策性衔接有待加强

首先，农业保险业务覆盖范围主要在农村，点多、面广，这就对保险经办机构的基层服务能力提出了更高要求。在实际开展业务的过程中，保险机构服务能力不足主要表现在以下方面：一是有的基层服务人员专业性有待提高。虽然大部分保险经办机构在县级设立了分支机构，在乡镇设立了“三农”服务站点，但专职农险工作人员占比不高。受运营成本等因素影响，承保、理赔方面很多工作依赖乡镇、村组或协保员办理，专业化程度的欠缺导致在科学精准理赔上存在差距。二是存在“重保轻赔”现象。在发动农户投保阶段，保险经办机构往往比较积极。农户受灾后，查勘、定损的精确度和理赔的时效性仍有不足，实际赔付金额也与农户预期存在差距，容易引发农户焦虑和不满情绪。个别地方可能存在协议赔付或平均赔付、经营费用分摊列支不够规范等问题。

其次，辽宁省部分试点县通过招标等方式重新选择保险经办机构，而传统险种的承保机构在试点政策开始前已经确定，造成同一地区传统险种和试点险种由不同保险机构承保，可能存在保险机构过度竞争等问题。

4.4.3 辽宁省盘锦市农户生产风险及投保意愿调查

为了解辽宁省盘锦市作物种植业农户对政策性农业保险的认知程度和真实投保意愿，分别对盘锦市盘山县内的高升镇、太平镇、坝墙镇，大洼区内的田庄台镇、清水镇、新兴镇，以及双台子区和兴隆台区等地

从事种植业的农民共计200户进行了住户抽样调查（见表4-7）。本次住户调查主要包括以下内容：第一部分为农户基本情况，包括户主年龄、受教育程度、家庭人口、收入状况等；第二部分为农户作物生产经营情况，包括生产规模、投入成本、产出结构、销售渠道等；第三部分为农作物生产风险认知调查，包括主要生产风险、灾害频度与强度、损失状况等；第四部分为风险规避行为和保险意愿调查，包括风险偏好、灾害弥补措施、投保意愿、期望险种及补贴比例、保费的承受能力等。本次调查共发放问卷200份，收回总有效问卷187份。

表4-7 被调查农户分布统计

镇名称	所在县/区	户数（户）	比例（%）
高升镇	盘山县	34	18.2
太平镇	盘山县	27	14.4
坝墙镇	盘山县	26	13.9
田庄台镇	大洼区	30	16.0
清水镇	大洼区	18	9.6
新兴镇	大洼区	26	13.9
—	双台子区	10	5.3
—	兴隆台区	16	8.6
合计	—	187	100

从被调查对象来看，被调查农户的平均年龄为41.74岁，其中年龄最大为72岁，最小为19岁，较多的被调查者为45岁；平均受教育年限为8~9年，大概为初中水平（含初中未毕业）；家庭常住人口多数为4人；户均外出打工人数为1~2人，每户家庭拥有农业生产劳动力为2~3人；从事种植业年限最长的达55年，最短为3年，多数在20年左

右；每户承包的总种植面积多数在20亩左右，这说明调查地区人均作物种植面积在4～5亩地（见表4-8）。只有4%的农户认为自己的土地质量非常好，约半数农户认为自己的土地质量一般，35%的农户认为自己的土地质量较好，还有9%的被调查农户认为自己的土地质量较差（如图4-8所示）；每户家庭可支配年收入为2万元左右，其中作物种植业收入占家庭总收入的50%左右。总的来看，绝大多数农户对调查内容比较感兴趣，其回答问题的可信性保证了本次调查结果的真实可靠。

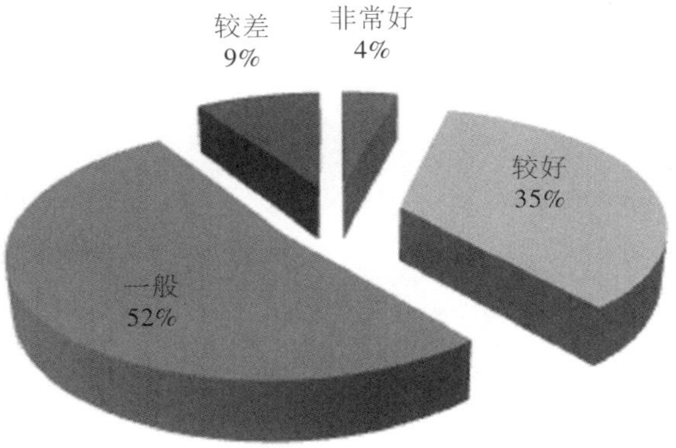

图4-8　被调查农户土地质量分布饼状图

表4-8　**被调查农户基本情况统计**

统计指标	年龄（岁）	受教育程度（年）	家庭常住人口（人）	外出打工人数（人）	农业劳动力（人）	家庭总种植面积（亩）	从事种植年限（年）	土地质量	家庭可支配收入（千元/年）	专业化程度a（%）
中位数	45	9	4	2	2	18.50	20	3	20	50
平均数	41.74	8.59	3.93	1.87	2.92	22.56	23.78	3.50	20.32	47.5
最大值	72	15	8	4	7	120	55	5	200	90
最小值	19	0	1	0	1	7	3	2	10	10

注：a为作物种植业专业化程度，用作物种植业纯收入占家庭总纯收入的百分比衡量。

在农业生产上，91%的农户认为基本具备作物生产的土地质量和资源条件。盘锦市农户主要种植作物除水稻外，还有玉米、高粱、大豆和棚菜等旱地作物（见表4-9和表4-10）。以水稻种植为主的农户占总调查农户的80.75%，主要集中在盘山县内；主要种植玉米的农户占总调查农户的48.13%。调查显示，盘锦三区一县范围内高粱种植面积仅有5 000亩，主要集中在高升镇大荒及沙岭等村的河滩地，每户水稻种植面积平均在15亩，这是因为盘锦市地处辽河下游冲积平原，地势平坦低洼，气候适宜，灌溉条件好，非常适合水稻种植，水稻的每亩净收入在1 100元以上。近几年，玉米、高粱的收购价不断攀升，2022年玉米收购价再创新高，已突破2元/斤。

表4-9 **被调查户主要作物播种面积** 单位：亩

	水稻	玉米	高粱	大豆	棚菜
中位数	16	4	1.3	3	4
平均数	14.87	4.55	1.17	3.5	3.2
最大值	100	10	2.5	7	5
最小值	7	2	0.5	2	1

表4-10 **被调查户主要粮食作物分布比例**

	水稻	玉米	高粱	大豆
户数（户）	151	90	27	26
占比（%）	80.75	48.13	14.44	13.90

被调查农户中约有七成采用机械化进行粮食生产，约30%的农户申请了农业贷款。所种植的主要粮食作物水稻近几年的平均产量多数为1 300斤/亩，大豆约为350斤/亩，玉米1 600斤/亩左右，高粱约为1 000斤/亩（见表4-11）；主要作物生产的直接物化成本占正常年景产值的20%~40%（见表4-12）。本次调查发现，以水稻保险为例，如果按照水稻近四年的平均产量1 200斤/亩、平均市场收购价格1.5元计算，目前所推行的完全成本保险1 290元保额仅相当于盘锦市水稻70%的平均产量保障水平。由此可知，在盘锦市现阶段大力推行的统一保额、统一费

率的水稻保险，与在遇到灾害时保障水平最高可达相应品种种植收入的80%的完全成本保险产品设计初衷存在差异。调查还得知，绝大部分农户的水稻销售渠道为三成由政府合同收购，大约五成由商贩上门收购，自行销售和留作自用各占10%左右（如图4-9所示），个别产粮大户80%以上收成由政府收购；玉米则基本上为出售粮油部门与自行销售各占一半，另留10%自用（如图4-10所示）。可见，作为辽宁地区的优质商品粮基地，盘锦水稻订单农业产业化已初具规模，无论是物化成本保险还是完全成本保险对农户粮食生产保障水平还有待进一步调查和测算，为保证粮食生产安全，作为粮食主产区的盘锦主要粮食作物产量保障机制确实亟待出台。

表4-11　**主要粮食作物单位面积平均产量**　单位：斤/亩

	水稻	玉米	高粱	大豆
中位数	1 300	1 600	1 000	350
平均数	1 200	1 500	900	300
最大值	1 500	1 800	1 100	400
最小值	1 000	1 300	700	280

表4-12　**农户作物生产平均直接物化成本占正常产值的百分比**

	水稻	玉米	高粱	大豆
成本百分比(%)[a]	35	30	27	25

注：[a]指作物生产直接物化成本（包括种子、化肥、农药、农机、能源费用等；不包括人工费等劳动工资部分）占正常年景产值比例。

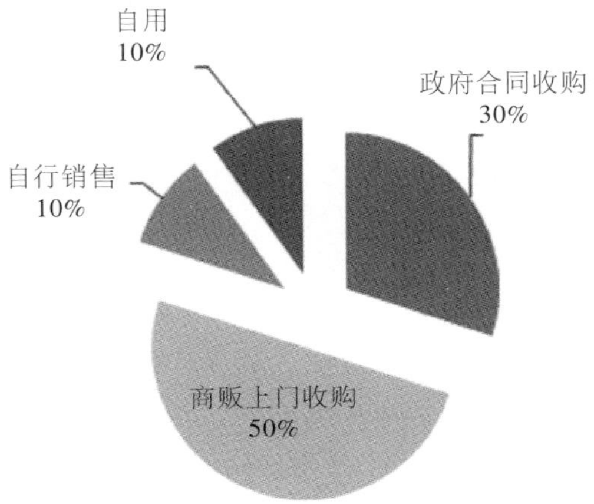

图4-9　**盘锦水稻销售渠道分布饼状图**

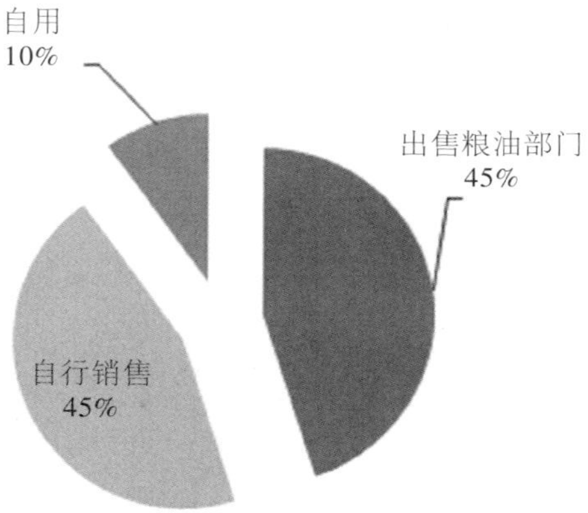

图4-10　盘锦玉米销售渠道分布饼状图

5　政策性作物保险定价方案实证研究——以辽宁省盘锦市MPCI为例

5.1　生存函数的构建与数据处理

样本来源：选取政策性农业保险地区辽宁省盘锦市作为样本地区，利用该地区最近22年的三种主要大田农作物水稻、玉米、高粱的总产量和播种面积可获数据资料，采用生存分析精算模型对作物单产损失风险进行测算，进而厘定出三种作物在65%、70%、75%、80%、85%保障水平下的纯保费费率、农户实付保费、政府补贴比例、管理费用及保险储备金。其中，2021年数据来自2022年盘锦统计年鉴；其余数据来源于农业农村部信息网市级统计资料数据库。

5.1.1　生存函数的构建

在生存分析中，通常不直接通过生存函数S（t_i）而是应用作物单产损失风险率，即损失风险率函数（h_i）来评估作物产量损失风险的大小（详见本书第3章），它可描述单产序列波动的分布情况，因此，本书采用SPSS16.0软件中的生存分析程序进行各个保障水平下的损失风险率的估算。

产量损失风险率就是作物于特定水平下在$t \sim t+\delta$这一微时段内发生产量损失的概率。

$$h_i = \lim_{\Delta t \to 0} \frac{Pr[t \leqslant T^* \leqslant t + \Delta t | T^* \geqslant t]}{\Delta t} \tag{5.1.1}$$

首先将所研究作物的生存函数构建如下：

$$\hat{S}(t) = \prod \hat{p}_j \text{ for } t \in [t_j, \ t_{j+1}] \tag{5.1.2}$$

假设S（0）＝1；S（∞）＝0，且当$t_1 \leqslant t_2$时，有S（t_1）≥S（t_2）。这里用$\hat{p}_j$表示所观察作物产量在$[t_j, \ t_{j+1}]$时段内的生存概率，即$\hat{p}_j = (n_j - m_j)/n_j$，其中$n_j$表示在$t_j$时刻具有损失风险但未发生产量损失的数量，$m_j$表示在$[t_j, \ t_{j+1}]$时段内发生产量损失的数量，损失风险函数与生存函数的关系为：

$$S(t) = \exp\left\{ -\int_0^t h(t)dt \right\} \tag{5.1.3}$$

或 $$h(t) = -\frac{d(S(t))/dt}{S(t)} \tag{5.1.4}$$

5.1.2 数据的去趋势处理

在作物保险中，通过作物实际单产值相对于正常年景单产值的降低值来反映作物单产风险损失。基于前面的概念界定，作物单产风险指的是农作物实际单产水平低于预期单产的程度，即单产序列随机项的负波动程度，所以，将样本地区三种作物单产趋势进行拟合之后，通过建立线性趋势方程完成各个单产序列的去时间趋势处理过程，从而估算出三种作物每一年的“单产风险水平”，即单产序列的随机波动项，去时间趋势过程分解如下：

$$y = y_t + y_w \ \rightarrow \ y_w = y - y_t \tag{5.1.5}$$

式中，y为作物实际单产波动序列（即作物真实产量），y_t为单产波动时间趋势序列，y_w为单产序列的随机波动项。

在生存分析中，只要样本中作物单产序列的随机波动项通过平稳性检验，通常无须对具有“量纲”的单产波动值进行后续处理，但需要对去趋势后的随机波动项进行标准化处理，才能将不同的保障水平（例如75%的期望产量）转化为生存变量（0，1变量）以进行生存分析。

本书利用盘锦市近22年水稻、玉米和高粱三种作物总产量和播种面积分别计算出各年单位面积产量，形成这三种作物的实际单产波动的时间序列，对单产序列进行去趋势处理后，发现其中只有水稻和高粱两种作物单产随机波动项序列近似服从正态分布，可直接转化为标准正态分布Z值（Z-波动量），对玉米单产进行了偏态分布的正态化处理后，转化为标准Z值。参照Z分布表，分别选取65%、70%、75%、80%和85%的保障水平转换为生存变量数据，见表5-1a至表5-1e。

表5-1a 65%保障水平下水稻、玉米、高粱单产波动生存变量选取

作物名称	水稻					
年份序号	1	2	3	4	5	6
生存变量	0	0	1	0	0	0
年份序号	7	8	9	10	11	12
生存变量	0	0	0	1	0	0
年份序号	13	14	15	16	17	18
生存变量	0	0	0	0	0	0
年份序号	19	20	21	22		
生存变量	0	0	0	0		
作物名称	玉米					
年份序号	1	2	3	4	5	6
生存变量	0	0	0	0	0	0
年份序号	7	8	9	10	11	12
生存变量	0	0	1	0	0	0
年份序号	13	14	15	16	17	18
生存变量	0	0	1	0	0	0

续表

作物名称	玉米					
年份序号	19	20	21	22		
生存变量	0	1	0	0		
作物名称	高粱					
年份序号	1	2	3	4	5	6
生存变量	1	0	0	0	0	1
年份序号	7	8	9	10	11	12
生存变量	0	0	0	0	0	0
年份序号	13	14	15	16	17	18
生存变量	1	0	0	0	1	0
年份序号	19	20	21	22		
生存变量	0	1	0	0		

注：65%保障水平下生存变量参照Z分布表以-1.04为临界值进行选取。

表5-1b 70%保障水平下水稻、玉米、高粱单产波动生存变量选取

作物名称	水稻					
年份序号	1	2	3	4	5	6
生存变量	0	1	1	1	0	0
年份序号	7	8	9	10	11	12
生存变量	0	0	0	1	0	0
年份序号	13	14	15	16	17	18
生存变量	0	0	0	0	0	0
年份序号	19	20	21	22		
生存变量	1	0	0	0		
作物名称	玉米					
年份序号	1	2	3	4	5	6

续表

作物名称	玉米					
生存变量	0	0	0	0	0	0
年份序号	7	8	9	10	11	12
生存变量	0	0	1	0	0	0
年份序号	13	14	15	16	17	18
生存变量	0	0	1	0	0	0
年份序号	19	20	21	22		
生存变量	0	1	1	0		
作物名称	高粱					
年份序号	1	2	3	4	5	6
生存变量	1	0	0	0	0	1
年份序号	7	8	9	10	11	12
生存变量	0	0	0	0	0	0
年份序号	13	14	15	16	17	18
生存变量	1	0	0	0	1	0
年份序号	19	20	21	22		
生存变量	0	1	0	0		

注：70%保障水平下生存变量参照Z分布表以-0.84为临界值进行选取。

表5-1c 75%保障水平下水稻、玉米、高粱单产波动生存变量选取

作物名称	水稻					
年份序号	1	2	3	4	5	6
生存变量	0	1	1	1	1	0
年份序号	7	8	9	10	11	12
生存变量	0	0	0	1	0	0
年份序号	13	14	15	16	17	18

续表

作物名称	水稻					
生存变量	0	0	0	0	0	0
年份序号	19	20	21	22		
生存变量	1	0	0	0		
作物名称	玉米					
年份序号	1	2	3	4	5	6
生存变量	1	0	0	0	0	1
年份序号	7	8	9	10	11	12
生存变量	0	0	1	0	0	0
年份序号	13	14	15	16	17	18
生存变量	0	0	1	0	0	0
年份序号	19	20	21	22		
生存变量	0	1	0	0		
作物名称	高粱					
年份序号	1	2	3	4	5	6
生存变量	1	0	0	0	0	1
年份序号	7	8	9	10	11	12
生存变量	0	0	1	0	0	0
年份序号	13	14	15	16	17	18
生存变量	1	0	0	0	1	0
年份序号	19	20	21	22		
生存变量	0	1	0	0		

注：75%保障水平下生存变量参照Z分布表以-0.67为临界值进行选取。

表5-1d 80%保障水平下水稻、玉米、高粱单产波动生存变量选取

作物名称	水稻					
年份序号	1	2	3	4	5	6
生存变量	0	1	1	1	0	0
年份序号	7	8	9	10	11	12
生存变量	0	0	0	1	0	0
年份序号	13	14	15	16	17	18
生存变量	0	0	0	0	0	0
年份序号	19	20	21	22		
生存变量	1	1	0	0		
作物名称	玉米					
年份序号	1	2	3	4	5	6
生存变量	1	0	0	0	1	1
年份序号	7	8	9	10	11	12
生存变量	0	0	1	0	0	0
年份序号	13	14	15	16	17	18
生存变量	0	0	1	0	0	0
年份序号	19	20	21	22		
生存变量	0	1	1	1		
作物名称	高粱					
年份序号	1	2	3	4	5	6
生存变量	1	0	0	0	0	1
年份序号	7	8	9	10	11	12
生存变量	0	0	1	0	0	0
年份序号	13	14	15	16	17	18
生存变量	1	0	1	0	1	1
年份序号	19	20	21	22		
生存变量	0	1	0	0		

注：80%保障水平下生存变量参照Z分布表以-0.525为临界值进行选取。

表5-1e 85%保障水平下水稻、玉米、高粱单产波动生存变量选取

作物名称	水稻					
年份序号	1	2	3	4	5	6
生存变量	0	1	1	1	1	0
年份序号	7	8	9	10	11	12
生存变量	0	0	0	1	0	0
年份序号	13	14	15	16	17	18
生存变量	0	0	0	0	0	0
年份序号	19	20	21	22		
生存变量	1	1	1	0		
作物名称	玉米					
年份序号	1	2	3	4	5	6
生存变量	1	0	0	0	1	1
年份序号	7	8	9	10	11	12
生存变量	0	0	1	0	0	0
年份序号	13	14	15	16	17	18
生存变量	0	0	1	0	0	0
年份序号	19	20	21	22		
生存变量	0	1	1	1		
作物名称	高粱					
年份序号	1	2	3	4	5	6
生存变量	1	0	0	0	1	1
年份序号	7	8	9	10	11	12
生存变量	0	0	1	0	0	1
年份序号	13	14	15	16	17	18
生存变量	1	0	1	0	1	1
年份序号	19	20	21	22		
生存变量	0	1	0	0		

注：85%保障水平下生存变量参照Z分布表以-0.385为临界值进行选取。

5.2 模型参数计算与分析

首先对生存变量进行生存分析，拟合生存函数的概率分布，计算生存模型的参数，然后将模型外推预测损失风险，计算相应的基础损失风险概率与巨灾损失风险概率。

5.2.1 生存函数计算与检验

由于在每单位时段内发生密度为λ的两个连续泊松事件的间隔时间（例如两次产量损失间隔时间）基本服从指数分布，因此拟采用保险统计原理中经典的指数分布模型对生存函数的概率分布数据进行拟合，从而预测单产损失风险率。

用X表示两次损失事件发生的间隔时间分布，x表示第二次损失事件发生的时间。如果X>x，那么有Pr（X > x）= 1 - F（x），其中F（x）是X的累积分布函数（例如在时间点x之前没有泊松事件发生），因此泊松事件（特定产量保障水平的损失）发生的概率可以表示为：Pr（0）= e−λx，从而可以推导出方程：

$$1 - F(x) = e^{-\lambda x} \tag{5.2.1}$$

对于函数 $F(x) = 1 - e^{-\lambda x}$，当且仅当 $x > 0$ 且 $\lambda > 0$ 时，$f(x) = dF(x)/dx = \lambda e^{-\lambda x}$，即对于所有的 $x > 0$，存在概率密度函数 $f(x) = \lambda e^{-\lambda x}$。当 $x > 0$ 且 $\delta > 0$ 时，用 $1/\delta$ 替代 λ，得到 $f(x) = 1/\delta\ e-x/\delta$。如果某一事件（特定产量保障水平的损失）发生的时间（年份）为 t_0，则 $X > t_0$ 的概率为：

$$Pr(X > t_0) = 1 - Pr(X < t_0) = 1 - F(t_0) = e^{-\lambda t_0} \tag{5.2.2}$$

因此，本书中作物保险研究用指数模型来计算作物损失事件发生前的“等待时间”，即生存时间：

$$\ln(Y) = \ln(b_0) + b_1 t_0 \tag{5.2.3}$$

式中，Y表示该事件在特定损失水平下的生存率，即生存函数值；b_0 是截距项；b_1 是指数回归系数。因此，在区域作物保险计划中，作物在特定产量损失水平下的生存概率可以表示为：

$$Y = b_0 * EXP(b_1 t_0) \quad or \quad Y = b_0 * e^{b_1 t_0} \tag{5.2.4}$$

应用Monte Carlo模拟的方法将样本数据重复抽样10 000次，并将模型外推到100年，计算出相应的巨灾损失风险概率。将蒙特卡罗抽样与历史数据分析进行比较，对于其生存函数分布差异性的检验，本书并没有使用传统的Wilcoxon秩数和检验，而是用Log-rank对数秩检验的方法有效解决了资料数据中存在右删失数据的问题。分别取两个样本的数据：

(T_{ij}, δ_{ij}) for i = 1，2 and j = 1，2，...，n

检验的零假设为两个样本数据的生存函数分布无显著差异，即：

H_0： $S_1(t) = S_2(t)$

式中：$S_j(t) = Pr[T_j^* > t] \quad for\ j = 1, 2$ （5.2.5）

Log-rank 检验的统计量为：

$$X_1 = \frac{(O_1 - E_1)^2}{V_1} \sim \chi 2 \tag{5.2.6}$$

式中：$E_1 = \sum_{j=1}^{k} E_{ij}$，$O_1 = \sum_{j=1}^{k} m_{ij}$，$V_1 = \sum_{j=1}^{k} V_{ij}$ （5.2.7）

这里，E_1、O_1分别表示第T个时间点作物产量损失的真实值与条件期望值，V_1表示其方差。

经过概率分布检验，发现盘锦水稻、玉米、高粱三种作物产量的生存概率（1-损失风险概率）均最符合指数分布，并且模型在各个保障水平下的F统计量的显著性概率P值= 0.000 < 0.01，表明F检验均通过了1 %的显著性水平，其中自由度均为n-k=22-2=20，模型拟合良好。推导出的模型参数计算结果见表5-2a至表5-2e。

表5-2a　**65%保障水平下的单产风险生存分布模型参数计算结果**

	b_0	b_1	R-square	F统计量	P值
水稻	0.980	-0.006	0.76	62.6	0.000
玉米	1.162	-0.026	0.69	45.4	0.000
高粱	1.142	-0.033	0.73	53.1	0.000

表5-2b 70%保障水平下的单产风险生存分布模型参数计算结果

	b_0	b_1	R-square	F统计量	P值
水稻	0.966	-0.020	0.78	70.4	0.000
玉米	1.306	-0.042	0.51	21.0	0.000
高粱	1.142	-0.033	0.73	53.1	0.000

表5-2c 75%保障水平下的单产风险生存分布模型参数计算结果

	b_0	b_1	R-square	F统计量	P值
水稻	0.966	-0.020	0.78	70.4	0.000
玉米	1.230	-0.045	0.56	25.3	0.000
高粱	1.150	-0.038	0.80	81.6	0.000

表5-2d 80%保障水平下的单产风险生存分布模型参数计算结果

	b_0	b_1	R-square	F统计量	P值
水稻	1.095	-0.034	0.63	33.4	0.000
玉米	1.126	-0.038	0.56	24.4	0.000
高粱	1.298	-0.057	0.80	80.0	0.000

表5-2e 85%保障水平下的单产风险生存分布模型参数计算结果

	b_0	b_1	R-square	F统计量	P值
水稻	1.206	-0.051	0.54	23.4	0.000
玉米	1.126	-0.038	0.56	24.4	0.000
高粱	1.307	-0.066	0.86	124.8	0.000

根据（5.2.4）式，应用模型参数计算结果分别求出三种作物在五个保障水平下的生存函数值，Cox回归刻画生存函数曲线（如图5-1a至图5-1e所示），计算出相应的生存率。

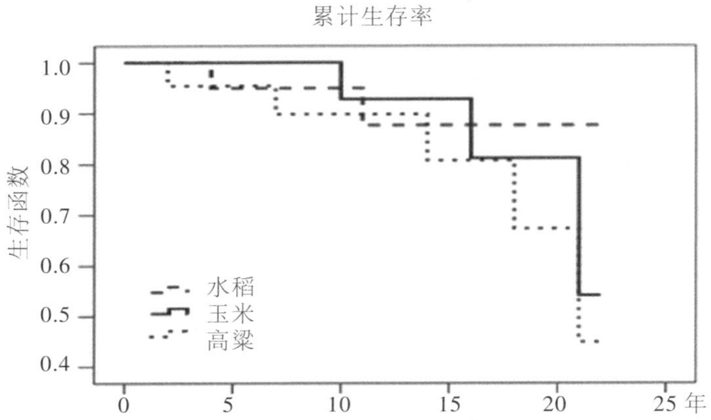

图 5-1a 样本地区 65% 保障水平下的水稻、玉米、高粱单产风险生存曲线

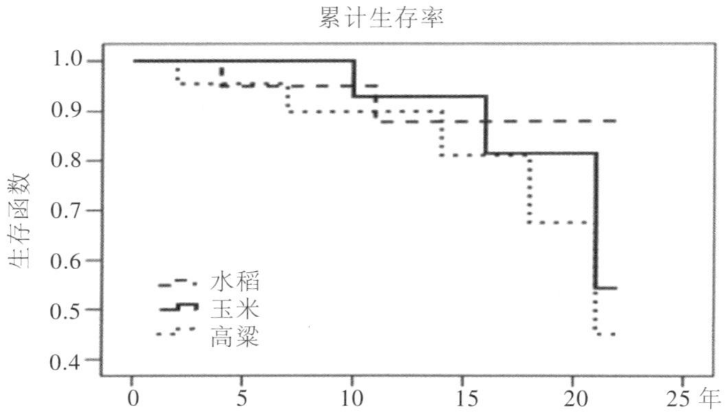

图 5-1b 样本地区 70% 保障水平下的水稻、玉米、高粱单产风险生存曲线

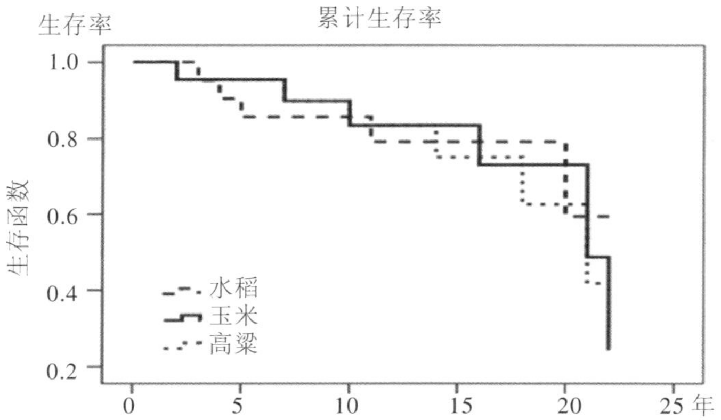

图 5-1c 样本地区 75% 保障水平下的水稻、玉米、高粱单产风险生存曲线

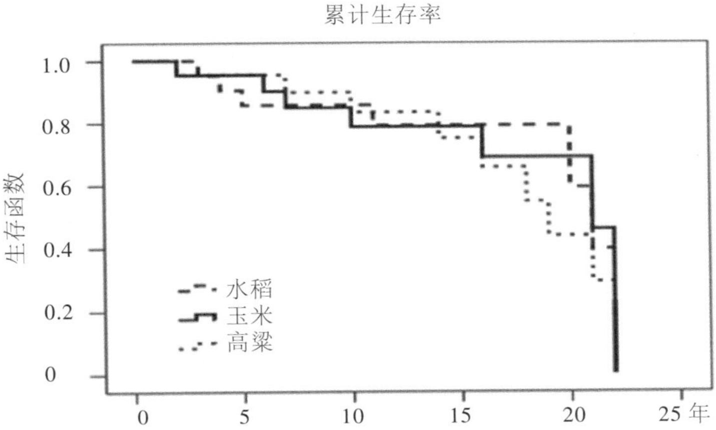

图 5-1d　样本地区 80% 保障水平下的水稻、玉米、高粱单产风险生存曲线

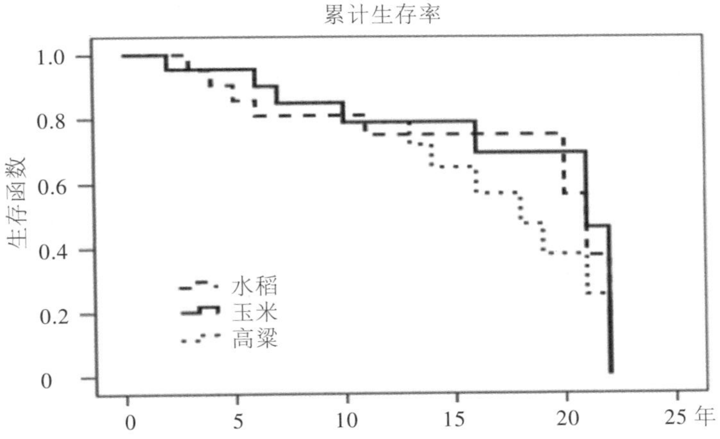

图 5-1e　样本地区 85% 保障水平下的水稻、玉米、高粱单产风险生存曲线

从历年的生存曲线的波动幅度可以看出，盘锦三种大田作物中玉米的损失风险相对于其他两种作物来说略高。值得注意的是，即使某一作物在两个不同保障水平下得出近似相同的生存模型参数，也不能说明两个保障水平下该作物产量具有相同的损失风险分布，需要结合基础风险与巨灾风险预测值才能将损失风险率准确厘定出来。

5.2.2 作物单产损失风险率的测算

5.2.2.1 基础损失风险率的测算

运用推导出的参数将3个模型分别外推，目的是预测相应保障水平下的基础风险与巨灾风险发生年份，基于样本的数据特点，将单产损失风险预测至100年，分别生成跨度为100年的预测生存曲线与65%、70%、75%、80%和85%产量保障水平下对应的每一年的生存函数值。

根据作物100年的35%、30%、25%、20%、15%免赔率的期望产量损失风险率（1-生存率）预测结果，计算出产量损失风险概率，即基础产量损失风险率。首先，根据三种作物在65%、70%、75%、80%和85%投保水平的损失风险生存函数值，分别求出样本地区的水稻、玉米、高粱三种作物发生基础产量损失的间隔年份，测算结果为在保障水平为65%（35%免赔）的期望产量下，水稻、玉米、高粱三种作物预期基础损失发生的间隔年份在70年、18年和23年；在70%（30%免赔）的保障水平下，水稻、玉米、高粱三种作物的预期基础损失风险间隔年份为18年、16年和16年；在75%（25%免赔）保障水平下三种作物的预期基础损失间隔年份分别为15年、12年和12年；在80%（20%免赔）保障水平下三种作物的预期基础损失间隔年份分别为10年、11年和10年；在85%（15%免赔）保障水平下三种作物的巨灾损失预测间隔年份分别为7年、8年和7年，如图5-2a至图5-2e所示。

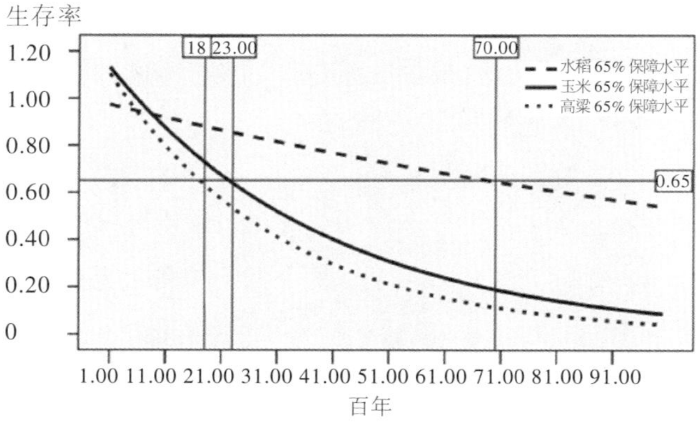

图5-2a 65%保障水平下的基础产量损失风险预测

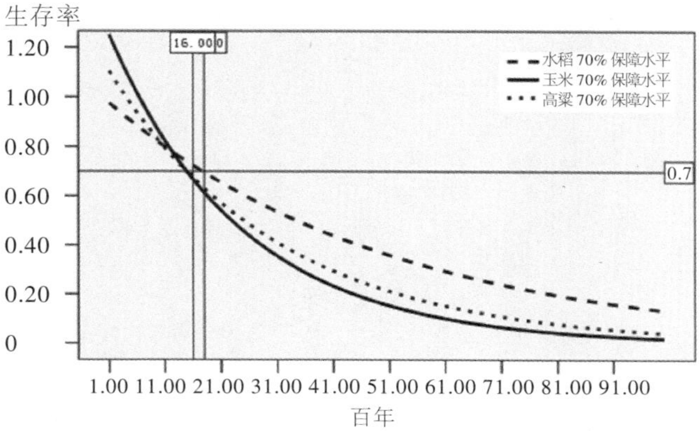

图 5-2b　70%保障水平下的基础产量损失风险预测

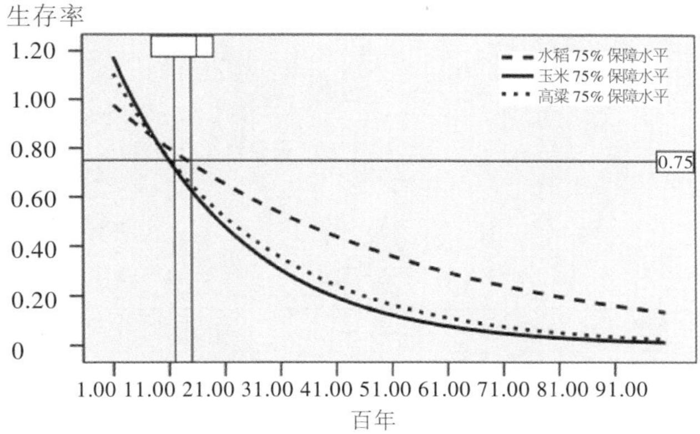

图 5-2c　75%保障水平下的基础产量损失风险预测

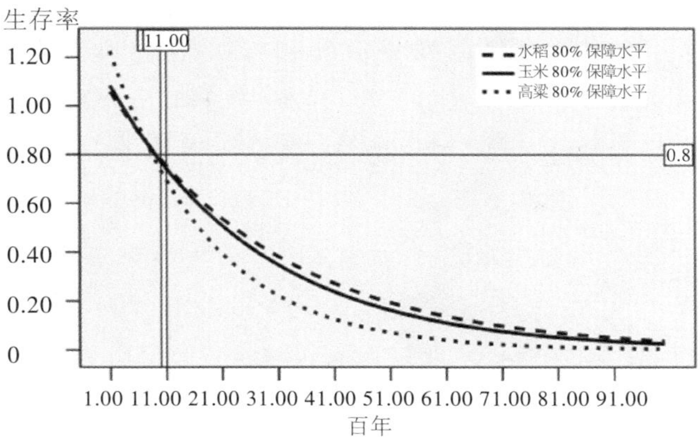

图 5-2d　80%保障水平下的基础产量损失风险预测

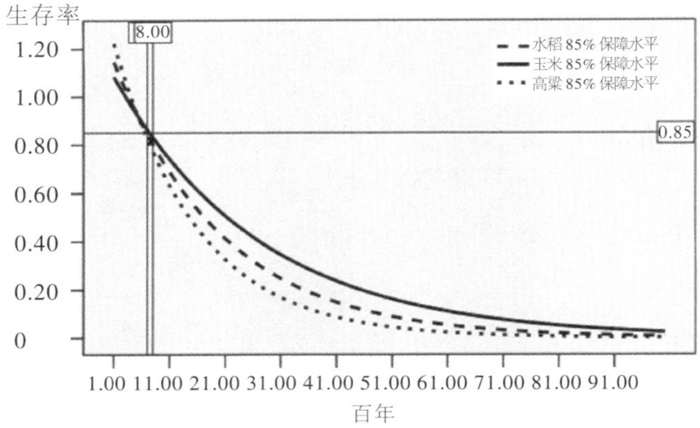

图 5-2e　85% 保障水平下的基础产量损失风险预测

由于在预测间隔年份内每一年发生的基础风险损失概率相等，将预测的基础风险间隔年份以内发生一次基础风险损失的概率做移动平均，即可得出基础风险损失（65%、70%、75%、80% 和 85% 产量损失）的概率为 1/基础损失间隔年份。样本地区三种作物保险基础损失风险率的测算结果见表 5-3。

表5-3　**样本地区三种作物保险基础损失风险率的测算结果**

保障水平（%）	65	70	75	80	85
水稻	0.014	0.056	0.067	0.100	0.143
玉米	0.043	0.063	0.083	0.100	0.125
高粱	0.056	0.063	0.083	0.111	0.143

5.2.2.2　巨灾基础损失风险率的测算

根据三种作物在五个保障水平下所预测的生存函数值当中 50% 生存率所对应的年份，得出预测发生巨灾风险的间隔年份或者发生 50% 单产损失的间隔年份。测算结果是在保障水平为 65%（35% 免赔）的期望产量下，玉米、高粱两种作物预期巨灾损失（50% 产量损失）发生的间隔年份在 33 年和 26 年，在 65% 的保障水平下测算出水稻产量 100 年内无统计上的 50% 巨灾期望损失；在 70%（30% 免赔）的保障水平下，水稻、玉米、高粱三种作物的预期巨灾损失风险间隔年份为 35 年、24 年和 26 年；在 75%（25% 免赔）的保障水平下三种作物的预期巨灾损失间隔年份分别为 35 年、21 年和 23 年；在 80%（20% 免赔）的保障水平下三种作物的预期巨灾损失间隔年份分别为24年、22年和17年；在85%（15%免赔）的保障水平下三种作物的巨灾损失预测间隔年份分别在18年、22年和15年，如图5-3a至图5-3e所示。

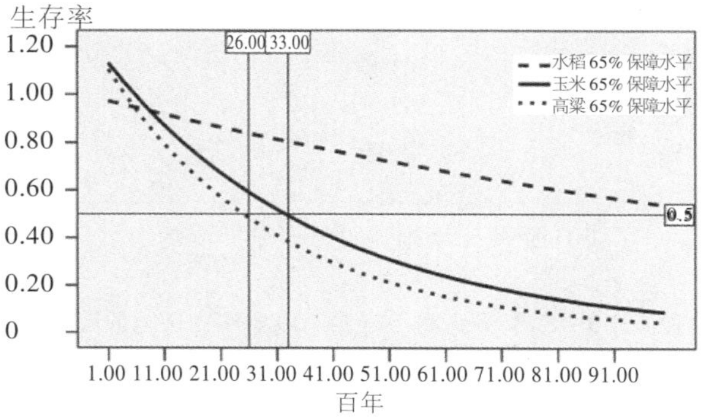

图5-3a　65%保障水平下的100年作物巨灾风险预测

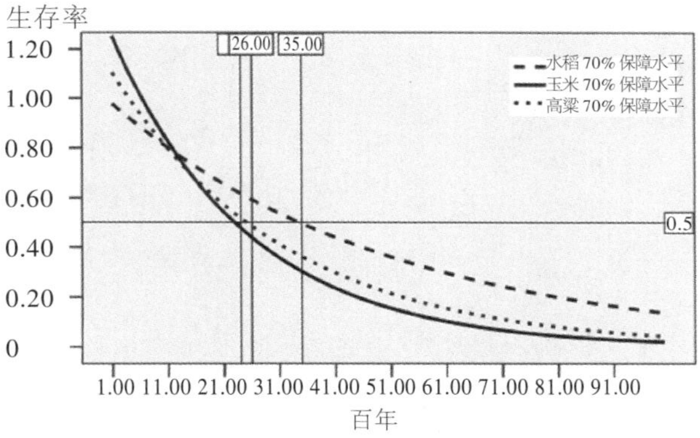

图5-3b　70%保障水平下的100年作物巨灾风险预测

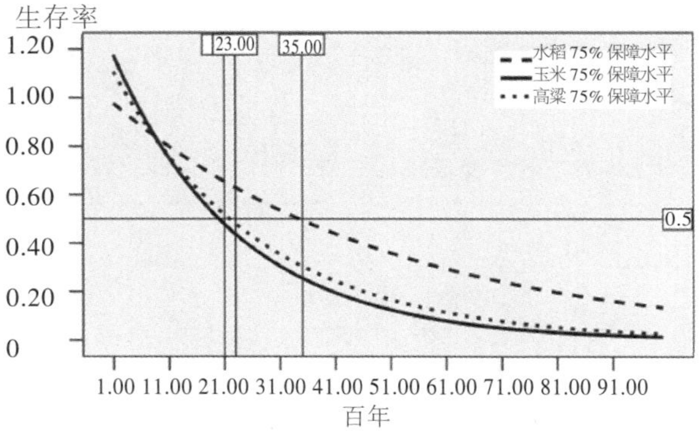

图5-3c　75%保障水平下的100年作物巨灾风险预测

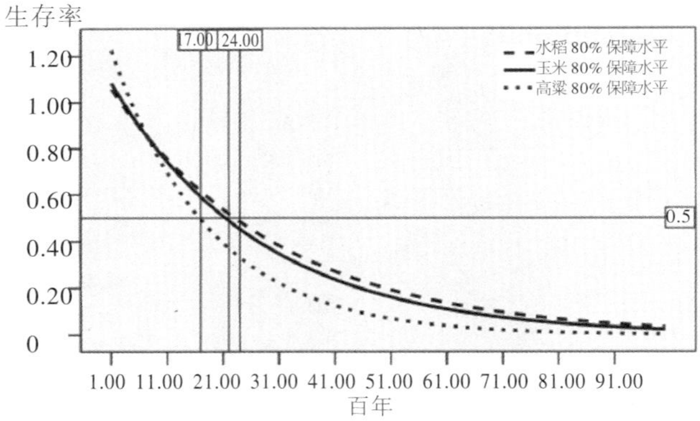

图5-3d 80%保障水平下的100年作物巨灾风险预测

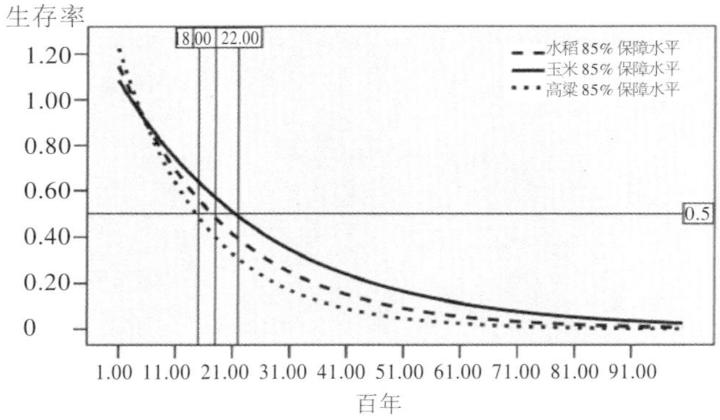

图5-3e 85%保障水平下的100年作物巨灾风险预测

由于在巨灾预测间隔年份的每一年内发生巨灾损失均为等概率事件，将预测的巨灾间隔年份以内发生一次巨灾风险的概率做移动平均，即可计算出巨灾风险预测间隔年份内发生一次巨灾损失风险（50%产量损失）的概率为1/巨灾间隔年份。样本地区三种作物65%、70%、75%、80%和85%产量保障水平下的巨灾损失风险率的测算结果见表5-4。

表5-4 样本地区作物保险巨灾损失风险率的测算结果

保障水平（%）	65	70	75	80	85
水稻	0.000	0.029	0.029	0.042	0.056
玉米	0.030	0.042	0.048	0.045	0.045
高粱	0.038	0.038	0.043	0.059	0.067

5.3 结果与探讨

5.3.1 纯费率厘定结果

通过对样本数据进行生存分析推导出了每年的产量损失基础风险率与巨灾风险率，在此基础上对该样本地区作物保险的纯费率[①]进行厘定。在考虑政府补贴的情况下，将巨灾风险率纳入纯费率厘定当中，以求在政府合理的作物保险补贴比例下，对农民实际交付的保费费率进行更科学的厘定。首先针对65%、70%、75%、80%及85%五个产量保障水平，通过100年的损失风险函数预测出基础损失率和巨灾损失风险率，从而得到样本地区三种作物五个保障水平下MPCI保险的基础风险费率与巨灾风险费率，将二者求代数和厘定出三种作物在五个产量保障水平下的政策性作物MPCI保险的纯费率，纯费率厘定结果见表5-5。

表5-5　样本地区作物MPCI保险各保障水平下的纯费率厘定结果

作物名称	保障水平（%）	基础风险费率（a）	巨灾风险间隔年份	巨灾风险费率（b）	纯费率（a+b）
水稻	65	0.014	—	0.000	0.014
玉米		0.043	33	0.030	0.073
高粱		0.056	26	0.038	0.094
水稻	70	0.056	35	0.029	0.085
玉米		0.063	24	0.042	0.101
高粱		0.063	26	0.038	0.101
水稻	75	0.067	35	0.029	0.096
玉米		0.083	21	0.048	0.131

① 作物保险的总价格成本费率由四部分组成，即成本费率＝基础风险费率+巨灾风险费率+储备金费率+管理费费率。前两部分费率之和称为纯费率或损失风险费率，农民实际只需交纳由纯费率扣除政府补贴后计提的那部分保费；而后两部分费率分别按FCIC规定纯费率的一定比例（20%）计算，此部分保费完全由政府支付。

续表

作物名称	保障水平（%）	基础风险费率（a）	巨灾风险间隔年份	巨灾风险费率（b）	纯费率（a+b）
高粱	75	0.083	23	0.043	0.126
水稻	80	0.100	24	0.042	0.142
玉米		0.100	22	0.045	0.145
高粱		0.111	17	0.059	0.170
水稻	85	0.143	18	0.056	0.199
玉米		0.125	22	0.045	0.170
高粱		0.143	15	0.067	0.210

将表5-5的纯费率厘定结果与现行保险纯费率比较，可以发现样本地区70%产量保障水平下的水稻、玉米作物政策性MPCI保险的纯费率分别为8.5%和10.1%，这一结果与辽宁省样本地区农作物保险方案中水稻与玉米作物多种险的费率非常接近。同时，作者对于多个保障水平下的纯费率也给出了具体的厘定过程。该结论充分表明，基于生存分析的保险费精算方法能够使我国政策性作物保险纯费率厘定技术得到科学、合理的评估结果。本书的多个保障水平下的作物保险纯费率厘定是基于盘锦市的单产水平而非省级平均水平，因此其纯费率的厘定应用于政策性作物保险定价将取得更加科学而可靠的效果。

5.3.2 保额的厘定

保险价格的制定不仅取决于费率的准确厘定，同时也取决于保险的金额，也称保额或保值。如果保险金额是按照所发生的直接物化成本投入水平来确定，可称为物化成本保险，其中直接物化成本是指保险标的生长期内的直接生产成本扣除人工费等活劳动部分，包括种子、化肥、农药、机械费和其他投入的物化费用，我国以往的农业保险产品基本都属于成本保险范畴，保额较低；如果保险金额是以农业生产总成本水平来确定，称之为完全成本保险，农业生产总成本包括直接物化成本、土地成本和人工成本等，这一险种只针对稻谷、小麦和玉米三大粮食作物，对盘锦市农户的重要经济作物高粱并未给予保费精算，保险市场有效需求有待满足。完全成本保险的特点是保障水平相对较高，覆盖了更多成本类型，其设计初衷是在遇到灾害时保障水平最高可达相应品种种植收入的80%。如果保险金额是按照作物实际产量收益的一定水平来确定，则称为产量保险，美国、加拿大等国家普遍实行的MPCI保险产品均以该种产量保险为主。这种作物多种险的保额是根据近4~10年某地区平均单产产值的不同保障水平确定，基于风险区划对农业生产风险损失进行评估和保险定价，从而为该地区粮食生产安全和农户的再生产能力提供多元化保障方案。

对盘锦农户保险支付意愿的实地调研结果显示，样本地区相当一部分风险爱好型农户愿意为高保额的保险产品支付较高保费，样本地区只有20%的作物生产者倾向于投保物化成本保险，有40%的农户倾向于投保实际产量保险，另有40%的农户希望成本高于现行完全成本保险保额，并表示物化成本实际略高于目前的制定标准。可见政策性作物保险中产量保险和成本保险在国内均有一定的需求市场，鉴于国情综合考虑，笔者将以两种保额分别厘定三种农作物成本保险与产量保险的价格。成本保险的保额确定比例参照样本地区实际调查结果，即每一种作物在各个保障水平下的保险保额相等，均等于该作物正常年景产值（近4年的平均市场收购价格与预期产量之积）的一定比例（物化成本比例）；产量保险的保额确定随产量保障水平与价格水平的不同而不同，农户可以自主选择，其保额等于投保作物近4年平均市场收购价的一定比例与所选择保障水平上的投保产量之积。MPCI产量保险产品的价格水平则参照美国作物保险计划，在60%~100%之间可由农户任意选取，为方便比较，以60%、80%和100%（相当于保全险）三个作物价格水平为例（见表5-6a至表5-6c），对盘锦市MPCI产量保险以及100%价格水平下的MPCI成本保险的保额分别进行厘定。

表5-6a　　样本地区水稻MPCI保险的保额[a]厘定结果

保险产品	产量保障水平θ（%）	价格水平β（%）	保险金额（元/亩）	价格水平β（%）	保险金额（元/亩）	价格水平β（%）	保险金额（元/亩）
产量保险	65	60	702	80	936	100	1 170
	70		756		1 008		1 260
	75		810		1 080		1 350
	80		864		1 152		1 440
	85		918		1 224		1 530
成本保险	65，70~85	—	—	—	—	100	630

注：[a]产量保险保额由该地区水稻作物近4年的平均市场价格的特定水平与预期产量的特定保障水平确定，其中水稻近4年的平均产值为1 800元/亩（1 200斤/亩×平均价格1.5元/斤）、成本保险保额为630元/亩（1 800元/亩×35%），是以水稻生产直接物化成本的投入水平确定，实地调研测算得出的产值约等于该地区正常年景产值的35%。

表5-6b　　样本地区玉米MPCI保险的保额[a]厘定结果

保险产品	产量保障水平θ（%）	价格水平β（%）	保险金额（元/亩）	价格水平β（%）	保险金额（元/亩）	价格水平β（%）	保险金额（元/亩）
产量保险	65	60	702	80	936	100	1 170
	70		756		1 008		1 260
	75		810		1 080		1 350
	80		864		1 152		1 440
	85		918		1 224		1 530
成本保险	65，70~85	—	—	—	—	100	540

注：[a]产量保险保额由该地区水稻作物近4年的平均市场价格的特定水平与预期产量的特定保障水平确定，其中玉米近4年的平均产值约为1 800元/亩（平均产量1 500斤/亩×平均价格1.2元/斤）、成本保险保额为540元/亩（1 800元/亩×30%），是以玉米生产直接物化成本的投入水平确定，实地调研测算得出的产值约等于该地区正常年景产值的30%。

表5-6c　样本地区高粱MPCI保险的保额[a]厘定结果

保险产品	产量保障水平θ（%）	价格水平β（%）	保险金额（元/亩）	价格水平β（%）	保险金额（元/亩）	价格水平β（%）	保险金额（元/亩）
产量保险	65	60	562	80	749	100	936
	70		605		806		1 008
	75		648		864		1 080
	80		691		922		1 152
	85		734		979		1 224
成本保险	65，70~85	—	—	—	—	100	389

注：[a]产量保险保额由该地区高粱作物近4年的平均市场价格的特定水平与预期产量的特定保障水平确定，其中高粱近4年的平均产值为1 440元/亩（平均产量900斤/亩×平均价格1.6元/斤）、成本保险保额为389元/亩（1 440元/亩×27%），实地调研测算得出的产值约等于该地区正常年景产值的27%。

5.3.3　政府补贴与农户实付费率厘定方案

根据世界各国的财政支持下的政策性作物保险施行标准，政府对于作物产量保险的纯费率补贴比例通常取决于农户所选择投保的产量保障水平，值得注意的是，这与我国目前运行的作物成本保险单一保障水平下的单一补贴标准有所不同。通过第4章对我国农户作物保险支付意愿的实证分析可以得出如下结论：在既定保障水平下，农民只愿意承担较少的保费。对样本地区的农户投保意愿调查的结果显示，有63%的农户可以接受不超过20%的实付费率份额，多数农户是完全可以接受目前作物成本保险的保费水平的，并且农民期望得到较高的保障水平。在现实中，农民对农业保险缺乏有效需求表现为多数小规模经营农户的收入不平衡等导致的我国农民农业保险整体实际支付能力不强，然而对于保障水平为75%和80%的成本保险支付意愿中位值却可以达到8.0元/亩、9.4元/亩，这一测算结果表明，农民愿意为高于现行保障水平下的作物保险支付更高的保费。同时，对于农业保险公司而言，承保金额越高，保险公司所面临的风险也越大，理论上作物损失率越高，农户实际支付的保费比例也应该越高。

因此，本书针对我国政策性产量保险与成本保险两种MPCI作物保险产品，分别借鉴美国作物保险计划的纯费率补贴标准与国内现行政策标准，对政府补贴费率、农户实付费率等费率要素的厘定进行比较。准备金费率是指为保证其如约履行保险赔偿或给付义务，保险人根据业务特定需要从保费收入或盈余中提取的与其所承担的保险责任相对应的一定数量的基金费率。为了保证保险公司的正常经营，保护被保险人的利益，各国一般都以保险立法的形式规定保险公司应提存保险准备金，以确保保险公司具备与其保险业务规模相应的偿付能力。农业保险通常不包含自主保费，所以，各国将农业保险储备金的提存纳入政府政策性补贴范畴，本书对于储备金费率与管理费用补贴费率的提存，均以国际平均标准按纯费率的20%计提。

5.3.3.1 MPCI产量保险各费率要素厘定方案

鉴于我国政策性农作物保险计划尚未开展保额基于作物实际产量收益的多个保障水平产量保险产品，对于产量保险纯费率厘定方案，采用2018年美国联邦作物保险纯费率的厘定方法和我国政策性保费补贴标准，例如，如果农户的投保产量水平为70%，则产量保险的纯费率补贴比例可按80%计提，则补贴后费率仅为纯费率的20%，当然这里仍包含20%的巨灾费率。作为分散政府任期内救灾风险的有力保障，政策性作物产量保险把巨灾财政救助前移为定量的灾前保险补贴及保险储备金，由于巨灾费率由政府补贴，那么政府实际的保费补贴费率应该包括纯费率补贴与巨灾补贴，纯费率中应扣除政府承担的保费补贴费率份额，其余部分为农户实际交纳的费率。以此类推，其他保障水平下的需要政府承担的合理保费补贴费率与农户实际交纳的保险费率都可以厘定出来，见表5-7a至表5-7e。

表5-7a 样本地区作物MPCI产量保险65%保障水平费率要素厘定结果

作物名称	纯费率	纯费率补贴a	巨灾补贴b	保费补贴费率a+b	农民实付费率c	储备金费率d	管理费补贴费率e
水稻	0.014	0.011	0.000	0.011	0.003	0.003	0.003
玉米	0.073	0.058	0.006	0.064	0.009	0.015	0.015
高粱	0.094	0.075	0.008	0.083	0.011	0.019	0.019

注：a为65%保障水平下的纯费率与80%的补贴比例的乘积；b为65%保障水平下的巨灾风险费率与（1-纯费率补贴比例）的乘积；a+b为政府实际承担的保费费率补贴份额，即纯费率补贴与巨灾补贴之和；c为扣除补贴后农民实际支付的保险费率；d、e均以纯费率的20%计提。

表5-7b 样本地区作物MPCI产量保险70%保障水平费率要素厘定结果

作物名称	纯费率	纯费率补贴a	巨灾补贴b	保费补贴费率a+b	农民实付费率c	储备金费率d	管理费补贴费率e
水稻	0.085	0.068	0.006	0.074	0.011	0.017	0.017
玉米	0.101	0.081	0.008	0.089	0.012	0.020	0.020
高粱	0.101	0.081	0.008	0.089	0.012	0.020	0.020

注：a为70%保障水平下的纯费率与80%补贴比例的乘积；b为相应保障水平下的巨灾风险费率与（1-补贴比例）的乘积；a+b为政府实际承担的保费费率补贴份额，即纯费率补贴与巨灾补贴之和；c为扣除补贴后农民实际支付的保险费率；d、e均以纯费率的20%计提。

表5-7c 样本地区作物MPCI产量保险75%保障水平费率要素厘定结果

作物名称	纯费率	纯费率补贴a	巨灾补贴b	保费补贴费率a+b	农民实付费率c	储备金费率d	管理费补贴费率e
水稻	0.096	0.068	0.006	0.074	0.022	0.019	0.019
玉米	0.131	0.093	0.010	0.103	0.028	0.026	0.026
高粱	0.126	0.089	0.009	0.098	0.028	0.025	0.025

注：a为75%保障水平下的纯费率与80%补贴比例的乘积；b为75%保障水平下的巨灾风险费率与（1-补贴比例）的乘积；a+b为政府实际承担的保费费率补贴份额，即纯费率补贴与巨灾补贴之和；c为扣除补贴后农民实际支付的保险费率；d、e以纯费率的20%计提。

表5-7d 样本地区作物MPCI产量保险80%保障水平费率要素厘定结果

作物名称	纯费率	纯费率补贴a	巨灾补贴b	保费补贴费率a+b	农民实付费率c	储备金费率d	管理费补贴费率e
水稻	0.142	0.101	0.008	0.139	0.033	0.028	0.028
玉米	0.145	0.103	0.009	0.143	0.033	0.029	0.029
高粱	0.170	0.121	0.012	0.173	0.037	0.034	0.034

注：a为80%保障水平下的纯费率与80%的补贴比例的乘积；b为80%保障水平下的巨灾风险费率与（1-补贴比例）的乘积；a+b为政府实际承担的保费费率补贴份额，即纯费率补贴与巨灾补贴之和；c为扣除补贴后农民实际支付的保险费率；d、e均以纯费率的20%计提。

表5-7e 样本地区作物MPCI产量保险85%保障水平费率要素厘定结果

作物名称	纯费率	纯费率补贴a	巨灾补贴b	保费补贴费率a+b	农民实付费率c	储备金费率d	管理费补贴费率e
水稻	0.199	0.111	0.011	0.122	0.077	0.040	0.040
玉米	0.170	0.095	0.009	0.104	0.066	0.034	0.034
高粱	0.210	0.118	0.013	0.131	0.079	0.042	0.042

注：a为85%保障水平下的纯费率与80%补贴比例的乘积；b为85%保障水平下的巨灾风险费率与（1-补贴比例）的乘积；a+b为政府实际承担的保费费率补贴份额，即纯费率补贴与巨灾补贴之和；c为扣除补贴后农民实际支付的保险费率；d、e均以纯费率的20%计提。

5.3.3.2 MPCI成本保险各费率要素厘定方案

2023年的作物保险政策规定，农户可以自愿选择参加作物完全成本保险或物化成本保险，但如果农户选择物化成本保险必须同时选择巨灾保险。无论是完全成本保险还是物化成本保险，依据财政部修订印发的《中央财政农业保险保费补贴管理办法》，在省级财政至少补贴25%的基础上，中央财政对中西部和东部地区种植业分别补贴45%和35%。按照目前样本地区政策性试点的作物MPCI保险普遍实施标准，除中央与辽宁省政府统一60%（25%+35%）的保费补贴比例外，所在市、县等地方各级财政共同分担20%的保费补贴，因此由中央、省、市县各级政府实际分摊的保费补贴比例为80%，其余20%由农户个人或农户和龙头企业共同承担。以该补贴比例对纯费率进行分解，分别厘定出样本地区多个保障水平下作物成本保险的政府保费补贴费率、农户实付费率以及储备金费率与管理费补贴费率，见表5-8。

表5-8 **样本地区各保障水平下的作物成本保险费率要素厘定结果**

作物名称	保障水平（%）	纯费率	补贴比例（%）	农户实付费率a	保费补贴费率b	储备金费率c	管理费补贴费率d
水稻	65	0.014	80	0.003	0.011	0.003	0.003
玉米		0.073		0.015	0.058	0.015	0.015
高粱		0.094		0.019	0.075	0.019	0.019
水稻	70	0.085	80	0.017	0.068	0.017	0.017
玉米		0.101		0.020	0.081	0.020	0.020
高粱		0.101		0.020	0.081	0.020	0.020
水稻	75	0.096	80	0.019	0.077	0.019	0.019
玉米		0.131		0.026	0.105	0.026	0.026
高粱		0.126		0.025	0.101	0.025	0.025
水稻	80	0.142	80	0.028	0.114	0.028	0.028
玉米		0.145		0.029	0.116	0.029	0.029
高粱		0.170		0.034	0.136	0.034	0.034
水稻	85	0.199	80	0.040	0.159	0.040	0.040
玉米		0.170		0.034	0.136	0.034	0.034
高粱		0.210		0.042	0.168	0.042	0.042

注：a等于纯费率×（1-补贴比例）；b等于纯费率×补贴比例；c、d均以纯费率20%计提。

5.3.4 多保障水平政策性作物保险定价方案

根据本书的研究假设，在我国政策性作物完全成本保险和收入保险试验推广阶段的研究背景下，可以在保险精算的纯费率厘定基础上分别采用产量保险定价和成本保险定价，即“方案一”和“方案二”两种形式对样本地区三种主要大田作物多个产量保障水平下的政策性作物MPCI保险进行价格厘定。对于保险金额基于实际产量收益水平的作物MPCI产量保险，运用各保障水平下的保险金额与相应费率要素的厘定结果来确定农户实付保费、政府补贴保费、保险储备金以及管理费用补贴等价格要素；对于保险金额基于直接物化成本的作物成本保险，其定价方案仍采用现行政策性保险的政府保费补贴比例测算出的各保障水平下的费率要素与保额厘定结果进行保险定价。分别厘定的盘锦市水稻、玉米、高粱三种作物的MPCI政策性产量保险与成本保险的相关价格要素结果见表5-9a至表5-9c。

表5-9a 样本地区多保障水平水稻MPCI政策性保险价格厘定方案

保险产品定价方案	产量保障水平	保险金额（元/亩）	政府补贴保费a（元/亩）	农民实付保费d（元/亩）	保险储备金c（元/亩）	管理费用补贴b（元/亩）
方案一：产量保险	0.65	702	7.72	2.11	2.11	2.11
	0.70	756	55.94	8.32	12.85	12.85
	0.75	810	59.94	17.82	15.39	15.39
	0.80	864	120.10	28.51	24.19	24.19
	0.85	918	112.00	70.69	36.72	36.72
	0.65	936	10.30	2.81	2.81	2.81
	0.70	1 008	74.59	11.09	17.14	17.14
	0.75	1 080	79.92	23.76	20.52	20.52
	0.80	1 152	160.13	38.02	32.26	32.26
	0.85	1 224	149.33	94.25	48.96	48.96

续表

保险产品定价方案	产量保障水平	保险金额（元/亩）	政府补贴保费a（元/亩）	农民实付保费d（元/亩）	保险储备金c（元/亩）	管理费用补贴b（元/亩）
方案一：产量保险	0.65	1 170	12.87	3.51	3.51	3.51
	0.70	1 260	93.24	13.86	21.42	21.42
	0.75	1 350	99.90	29.70	25.65	25.65
	0.80	1 440	200.16	47.52	40.32	40.32
	0.85	1 530	186.66	117.81	61.20	61.20
方案二：成本保险	0.65	630	6.93	1.89	1.89	1.89
	0.70		42.84	10.71	10.71	10.71
	0.75		48.51	11.97	11.97	11.97
	0.80		71.82	17.64	17.64	17.64
	0.85		100.17	25.20	25.20	25.20

注：a按照政府补贴保费以保额×保费补贴费率计提，该部分补贴保费金额为中央、省、市、县各级政府共同承担；b、c按照作物保险业平均标准水平以保额×20%的纯费率计提；d按照农民实付保费以保额×农户支付费率计提。

表5-9b　　**样本地区玉米MPCI政策性保险价格厘定方案**

保险产品定价方案	产量保障水平	保险金额（元/亩）	政府补贴保费a（元/亩）	农民实付保费d（元/亩）	保险储备金c（元/亩）	管理费用补贴b（元/亩）
方案一：产量保险	0.65	702	44.93	6.32	10.53	10.53
	0.70	756	67.28	9.07	15.12	15.12
	0.75	810	83.43	22.68	21.06	21.06
	0.80	864	123.55	28.51	25.06	25.06
	0.85	918	95.47	60.59	31.21	31.21
	0.65	936	59.90	8.42	14.04	14.04

续表

保险产品定价方案	产量保障水平	保险金额（元/亩）	政府补贴保费a（元/亩）	农民实付保费d（元/亩）	保险储备金c（元/亩）	管理费用补贴b（元/亩）
方案一：产量保险	0.70	1 008	89.71	12.10	20.16	20.16
	0.75	1 080	111.24	30.24	28.08	28.08
	0.80	1 152	164.74	38.02	33.41	33.41
	0.85	1 224	127.30	80.78	41.62	41.62
	0.65	1 170	74.88	10.53	17.55	17.55
	0.70	1 260	112.14	15.12	25.20	25.20
	0.75	1 350	139.05	37.80	35.10	35.10
	0.80	1 440	205.92	47.52	41.76	41.76
	0.85	1 530	159.12	100.98	52.02	52.02
方案二：成本保险	0.65	540	31.32	8.10	8.10	8.10
	0.70		43.74	10.80	10.80	10.80
	0.75		56.70	14.04	14.04	14.04
	0.80		62.64	15.66	15.66	15.66
	0.85		73.44	18.36	18.36	18.36

注：a按照政府补贴保费以保额×保费补贴费率计提，该部分补贴保费金额为中央、省、市、县各级政府共同承担；b、c按照作物保险业平均标准水平以保额×20%的纯费率计提；d按照农民实付保费以保额×农户支付费率计提。

表5-9c　**样本地区高粱MPCI政策性保险价格厘定方案**

保险产品定价方案	产量保障水平	保险金额（元/亩）	政府补贴保费a（元/亩）	农民实付保费d（元/亩）	保险储备金c（元/亩）	管理费用补贴b（元/亩）
方案一：产量保险	0.65	562	46.65	6.18	10.68	10.68
	0.70	605	53.85	7.26	12.10	12.10

续表

保险产品定价方案	产量保障水平	保险金额（元/亩）	政府补贴保费a（元/亩）	农民实付保费d（元/亩）	保险储备金c（元/亩）	管理费用补贴b（元/亩）
方案一：产量保险	0.75	648	63.50	18.14	16.20	16.20
	0.80	691	119.54	25.57	23.49	23.49
	0.85	734	96.15	57.99	30.83	30.83
	0.65	749	62.17	8.24	14.23	14.23
	0.70	806	71.73	9.67	16.12	16.12
	0.75	864	84.67	24.19	21.60	21.60
	0.80	922	159.51	34.11	31.35	31.35
	0.85	979	128.25	77.34	41.12	41.12
	0.65	936	77.69	10.30	17.78	17.78
	0.70	1 008	89.71	12.10	20.16	20.16
	0.75	1 080	105.84	30.24	27.00	27.00
	0.80	1 152	199.30	42.62	39.17	39.17
	0.85	1 224	160.34	96.70	51.41	51.41
方案二：成本保险	0.65	389	29.18	7.39	7.39	7.39
	0.70		31.51	7.78	7.78	7.78
	0.75		39.29	9.73	9.73	9.73
	0.80		52.90	13.23	13.23	13.23
	0.85		65.35	16.34	16.34	16.34

注：a按照政府补贴保费以保额×保费补贴费率计提，该部分补贴保费金额为中央、省、市、县各级政府共同承担；b、c按照作物保险业平均标准水平以保额×20%的纯费率计提；d按照农民实付保费以保额×农户支付费率计提。

表5-9a的厘定结果显示，对于样本地区水稻MPCI政策性保险“方案一”来说，在保额为1 260元/亩，70%的产量保障水平下，与目前实

施的完全成本保险（保额为1 290元）非常接近，那么基于保险精算原理对样本地区水稻产量保险中的农户实付保费金额厘定为13.86元/亩，如果该地区龙头企业继续帮助农户分担一半保费，则农户只需支付6.93元/亩。与此保障水平下该地区农户保险支付意愿中位值测算结果符合。这一结论充分说明，应该对我国现行政策性作物保险试点的保障水平与保险价格做适当调整与组合，即可以满足更多农户实际投保需求。可见，仅以水稻保险为例，如果现阶段对样本地区同时提供多个保障水平的成本保险，则农户实际投保率将大大增加，政策性作物保险的潜在需求与有效需求能得以成功转化。随着国家经济结构的进一步调整，对农村、农业、农民问题的进一步重视，农民生产专业化程度的不断提高，未来，我国将与其他农业保险发展相对完善的国家一样，基于多个保障水平的作物产量保险势必会在农业保险市场占据一席之地。

5.4 本章小结

归纳本章的研究结论，以下几方面可供保险公司对政策性作物保险的定价与政府的价格补贴决策借鉴：

（1）作物单产风险评估结果越准确，最终制定的保险价格也越合理。实证结果表明，多个保障水平下的作物保险纯费率厘定结果中70%产量保障水平下的纯费率与政策性试点地区现行保险方案中的MPCI费率几乎相等。该结论充分表明，基于生存分析法的保险精算技术应用到我国政策性作物保险风险评估与各费率要素厘定中，能够得到更加科学、合理的评估结果。因此，保险公司在对政策性作物保险进行纯费率厘定时，可以采用保险精算生存分析模型同时实现多个产量保障水平下的基础风险费率与巨灾风险费率的合理评估。

（2）根据我国作物保险市场需要与农户风险偏好类型，分别针对多个价格水平下的产量保险保额与我国现行成本保险保额进行厘定与对比。同时，分别借鉴美国作物保险计划的纯费率补贴标准与国内现行政策标准，对我国政策性产量保险与成本保险两种MPCI作物保险产品的政府补贴费率、农户实付费率、管理费补贴费率与储备金费率进行厘定与对比。基于此，确定出“方案一”产量保险与“方案二”成本保险两种可选择定价方案。结论表明，对我国现行政策性作物保险试点的保障水平与保险价格做适当调整与组合，可使更多农户实际投保需求得到满足。

（3）对于保险公司而言，当承保地区整体灾害风险大且风险波动分布不明确时，或保险试点地区为第一年纳入作物保险计划，政府需要预先强制确定补贴比例，建议优先选择“方案二”；当承保地区作物灾害整体风险水平较低，农户预期收入水平较高时，保险公司可以优先推广“方案一”。随着国家经济结构进一步调整，对“三农问题”利好政策的出台以及农民收入水平的不断提高，基于作物多个保障水平的政策性产量保险“方案一”会逐步赢得市场。

（4）在政策性农业保险试点初期，政府对于“方案二”成本保险的高额补贴可以作为激励农民投保、降低保险公司经营成本的有效手段，同时，随着政策性试点范围与投保率的不断扩大，必须考虑政府所承担的价格补贴风险，为了减少目前高额补贴导致各级政府不断增加的财政压力，针对不同保障水平与农户风险类型进行政策性作物产量保险的“方案一”将有利于农业保险全方位推进。因此，政府在对政策性作物保险进行补贴时，需要合理估计其补贴风险与补贴比例，并与不同地区投保农户共享风险信息，形成合理的价格补贴方案。

6 结论与展望

6.1 研究结论

本书旨在建立一个基于保险精算原理的多保障水平下的政策性作物保险定价体系，以满足在社会福利最大化条件下，农民、政府和保险公司三方利益均衡的定价要求。针对现行农作物保险试点以及保险定价中对农户支付意愿、风险认知度、投保率、财政补贴比例与保险需求内在联系研究的不足，保费制定的风险评估及精算技术落后，保障水平设计单一，以及保险纯费率厘定中缺乏对巨灾风险费率的厘定问题，在国内外大量相关文献回顾的基础上，通过理论研究与保险定价的背景分析，运用生存分析精算的方法评估作物单产风险，计算纯费率，从而厘定多个保障水平下政策性MPCI作物保险定价方案的思路。最终形成如下结论：

（1）如何提高农业保险在农业风险管理中的高效性已得到了国内学者多角度的论证，但其行之有效的突破方法还比较缺乏，农业保险有效需要不足问题仍未解决，补贴效果不如人意，国内农作物风险评估及农业保险精算研究相对滞后。

首先，随着国内外经济形势的逐渐变化，农业风险的类型也逐渐增多，体现出复杂性和多样性的发展趋势。近年来，国内多数学者顺应国际潮流，转向对市场风险进行大量研究，而对我国小规模农业生产经营过程中农户所面临的农业生产风险规避问题却缺乏深入研究，这从国内农业保险的实施现状可以反映出来。中国将政策性农业保险定位于WTO协议“绿箱政策”的支农工具，但国内的作物保险试点几乎都是基于单一保障水平和平均保费的成本保险，着力于恢复农户灾后的生产能力，其保障程度要大大低于国外的作物产量保险，当政府压力不断变大时，补贴效果却不尽如人意。国外许多国家政策性作物保险中每一种农作物都可按其正常年景产量的50%、60%、70%、80%等进行承保，农户可自行选择投保的保障水平，保险公司也相应地提供正常年景产量50%、40%、30%和20%的免赔额。国内的农业保险方面的精算研究与国外发达国家相比仍有很大差距。我国目前尚没有严格意义下的政策性农业保险精算专用模型，缺乏建立在风险分析基础上的政策性农业保险差别定价的可行性分析及相关精算领域的定量研究。

其次，目前国内对农作物风险评估及农业保险纯费率的厘定中，缺乏巨灾风险费率的研究，根本原因是历史数据积累不完善、研究方法欠缺等，未能从保险精算角度进行不同保障水平下的风险评估、农户实付保费以及政府补贴保费等价格要素厘定，从而导致了农业保险价格不合理，可操作性不强。应对有关“三农”政策和政策性补贴问题进行不断研究，调整依据，包括费率结构问题、突破单一保障水平的农业保险定价问题、保险资金的运作及补贴管理方式问题。

最后，研究表明，针对我国较为复杂的气候与地理环境，以及普遍的低收入、小规模经营的农作物生产者，在多种生产风险交互作用下，如病虫害、洪涝等混合灾害风险引起作物产量损失，作物多种险产品的保障适用性更强。基于产量损失进行风险赔付的作物保险产品之所以具有吸引力，主要是它可以对包含造成产量损失的所有可保的灾害风险进行保障。同时，我国现阶段开展的作物多种险产品存在诸多缺点，对于提供保险的机构来说，最主要的经营难点是核灾定损成本过高，而对于投保农户来说，其产量保障水平单一，农民不是无法从高保障产品中进行选择就是缺乏投保的热情。随着我国政策性农业保险范围进一步扩大，针对多个产量保障水平的政策性作物保险价格制定方法亟待进一步科学化。当然，原封不动将国外的保险产品移植过来，显然也不符合中国国情，应致力于结合我国不同区域的农户生产风险特点与保险需求，构建多保障水平的政策性农业保险定价体系。

（2）在非对称信息市场条件下，为农作物保险提供差别定价，保险市场可以达到次优均衡状态。政策性作物保险纯费率厘定过程必须包含巨灾风险费率的厘定过程，而保险精算价格厘定的决定因素是保障水平和期望损失风险率。

首先，本书从福利经济学角度阐述了农业保险的外部性理论，从而得出达到社会福利最大化目标时，农业保险市场均衡所确定的保费金额与农户实际支付意愿金额之间的差额决定了政府对保险价格补贴的最优规模的结论。

其次，研究得出在非对称信息市场下保险公司采用统一费率的弊端，对于保险公司而言，当对所有投保农户提供了统一均衡的保险价格时，实际上高风险农户被过度保险，低风险农户却被过度收费。当保险公司欲对不同风险的农户提供不同保险价格时，对高风险农户的保险是合适的，但对低风险农户来说则是有偏的。因此，当不可能达到信息完全对称时，与其使用统一保障水平及统一保费，不如使用差异保费，至少可以使高风险农户得到完全保险，即农业保险市场达到次优均衡状态。

再次，作物保险计划的总保费成本费率应分解为四个组成部分，即总保险成本费率等于基础风险费率、巨灾风险费率、储备金费率以及管理费费率的累加。前两部分费率之和称为纯费率或损失风险费率，农民实际只需交纳由纯费率扣除政府补贴比例后的保费；而后两部分费率分别按纯费率的一定比例（通常为20%）计提，此部分保费完全由政府支付。由此可知，政策性作物保险纯费率厘定过程必须同时包含对基础风险费率和巨灾风险费率的厘定过程，保险统计精算的保险价格指的就是纯费率厘定出的保费部分。相比之下，目前国际通用的巨灾风险费率前移为灾前补贴更有利于农业保险市场的持续健康发展，以此方法类推，其他保障水平下的需要政府承担的合理保费补贴费率与农户实际交纳的保险费率都可以更精确地厘定出来。根据农户期望效用最大化原理，保险统计上公平合理的保费应该等于农业生产的期望损失。保险统计精算上的合理价格取决于纯费率的厘定，纯费率厘定两个主要决定因素是农户所选择的产量保障水平θ与农作物单产期望损失风险率E［Loss］。

最后，本书针对不同保障水平下的农作物单产风险损失评估问题，基于对作物单产风险的界定，重点研究了风险损失评估的生存分析精算方法，该方法可以有效解决巨灾风险费率的厘定过程，并针对生存模型如何对作物保险中损失风险率的测算进行了公式推导，拟采用该方法填补国内对多保障水平的政府支持的作物保险精算领域应用研究的空白。

（3）自然风险属于可保性风险，持续实行高达80%以上的高额保费补贴政策才能维持我国现阶段农业保险市场均衡状态。基于作物保险产品存在的保额确定、定价模式和免赔额度等合理性争议，要想提高农户实际参保意愿，满足农户将农业保险作为稳定粮食生产安全的稳定剂，就必须进行差别化的费率厘定、调整国家财政补贴力度及制定动态价格模式。

首先，研究发现在我国农户的生产经营风险因素当中，只有自然风险属于可保性风险，理由是对于自然灾害风险因素所造成的损失地点、损失时间、损失程度以及损失金额是可以进行明确评估的。同时，经济上的可行性是风险标的适用于承保所必须满足的一个重要条件，即保费合理，农民必须支付得起。对于农作物的MPCI保险，高达80%的保费补贴虽然缓解了保险公司的可保性问题，现实中却仍有很多农户未参加或不愿意参加当前的单一保障水平的作物完全成本保险或物化成本保险。

其次，对于完全成本保险统一保额、单一保障水平的合理性问题，研究发现在确定保险金额的时候，未考虑市县级生产模式不同而造成的基差风险，且缺乏倾听散户及新型农业主体的意见。未考虑农业灾害发生的不平衡性和生产损失的动态性，在“公司精算平衡定价+协商定价”和“行政性定价”的普遍“模式”之下，未考虑农户、保险公司与政府的三方利益均衡，没有尊重科学和市场规律。政府、农户和保险公司对收入保险的认识和期望也存在差距，收入保险并非保“收入”。

最后，我国农业保险至今实行的是“相对免赔率”规定，保险费率的无差异化已使得不少地区发生多起典型的道德风险和逆选择问题，保险公司经营防控风险的压力加大。因此，建议对于种植业保险，可以借鉴很多国家政策性农业保险的成熟经验，选择绝对免赔率，养殖业保险可以采用绝对免赔额。

（4）我国政策性作物保险试验地区的调查结果显示，相当于70%单一产量补偿水平的完全成本保险和物化成本保险很难满足多数农户的实际投保需要。提高现行产量保障水平，农户期望投保率将明显上升，解决有效需求不足问题的关键在于不同保障水平和价格方案的合理组合。

首先，为了解作物种植农户对农业保险的认知程度和真实投保意愿，作者所在风险管理中心调研小组对保险试验样本地区辽宁省盘锦市农民进行了住户抽样调查。调查显示，与少数农业种养业专业大户不同，广大小规模农户农业风险的认知程度非常低下，由于他们的经营规模小，对农业生产和农业保险的预期也普遍很低。许多参保农户对现行完全成本保险（70%产量保障水平上限）表示困惑，原因是该地区一半以上的农户作物平均减产损失不足20%，有相当数量以作物生产为主要经济来源的农民渴望能够得到更高水平的产量保障。加之农业生产多样化特征，对特定作物生产收入依赖程度不强，因此在自然灾害造成的损失强度不大的情况下，多数小规模农户可以自己承担由此造成的经济损失。

其次，调查统计及对农户的访谈资料显示，农户是有能力接受目前作物保险的保费水平的。对于保险公司而言，虽然承保金额越高，保险公司所面临的风险就越大，收取的保费也应该越高，但是在现实中，农民对农业保险缺乏有效需求的情况下仍愿意为合理保障水平下的保险支付更高的保费。保险公司目前所提供的免赔额度一般等于或超过30%的产量损失，很大程度上正是单一偏低保险保障的限制，影响了多数受灾损失在20%左右甚至更低农户的投保决策，从而违背了大数定律的投保基数约束。在一定程度上保费补贴为农业保险市场的良性循环注入了动力，但基于成本保险的作物保险产品保障水平和赔付金额有限，赔付并非实际产量，只能维持农户基本的再生产投入成本，这是阻碍农民投保的原因之一。作为辽宁地区的优质商品粮基地，样本地区作物订单农业产业化已初具规模，为保证粮食生产安全，作为粮食主产区的盘锦主要粮食作物产量保障体系亟待出台。

最后，在土地规模、农户收入水平以及对作物生产风险认知等多种因素的作用下，农户对购买作物保险的偏好存在一定差异。这就决定了作物保险定价（或保障水平）应该是多层次的。对样本地区不同保障水平下农户的水稻保险及投保率测算实证显示，提高现行产量保障水平，农户期望投保率将明显上升，专业化程度强和收入水平较高以及风险爱好型农户倾向购买高保额、高保障的保险产品，而务农年限较长以及风险规避型农户更倾向于购买较低产量保障的保险。作物种植规模越大、生产风险和损失程度越高，支付意愿也越高。如果保额不变，产量保障水平为75%时，农户水稻保险的支付意愿中位值约为8.0元，置信区间在5.8元与9.3元之间；当保额不变，将保障水平提高到80%时，农户实际支付意愿为9.4元，置信区间为5.5元与12.8元之间。解决需求不足问题的关键在于不同保障水平和价格方案的合理组合，只有实现这一目标才能使农户对政策性农业保险市场的潜在需求转化为有效需求成为可能。

（5）作物保险定价实证表明，本书建立的生存分析精算模型能够满足保险公司同时实现纯费率厘定中的基础风险率与巨灾风险率的厘定过程，得到多个产量保障水下各费率要素的科学合理的评估结果。结合我国作物保险市场高质量发展的有效需求，基于市、县级的动态风险区划确定出成本保险与产量保险两种可选择定价方案，以实现满足政府和农民利益均衡的政策性作物保险定价目标。

首先，通过对样本地区单产数据进行生存分析，推导三种大田作物的产量损失基础风险率与巨灾风险率，进而厘定出作物MPCI保险的纯费率。本书在考虑政府补贴的情况下，将巨灾风险率纳入纯费率厘定当中，以求在政府合理的作物保险补贴比例下，对农民实际交付的保费费率进行更科学的厘定。纯费率厘定结果显示，样本地区70%产量保障水平的水稻、玉米作物政策性MPCI保险的农户纯费率分别为8.5%和10.1%，这一结果与实际保险方案非常接近。不仅如此，作者对于多个保障水平下的纯费率也给出了具体的厘定过程，结果表明，基于生存分析的保险费精算方法能够使我国政策性作物保险纯费率厘定技术得到科学合理的评估结果。

其次，根据我国作物保险市场需要与农户风险偏好类型，分别以60%、80%和100%（相当于保全险）三个作物价格水平下的MPCI产量保险保额与100%价格水平下的成本保险保额进行厘定与对比。同时，借鉴美国作物保险计划的绝对免赔率、作物纯费率厘定方法与国内补贴政策标准，分别对我国支持的产量保险与成本保险两种MPCI作物保险产品的政府补贴费率、农户实付费率、管理费补贴费率与储备金费率厘定进行对比。在此基础上，确定出“方案一”产量保险与“方案二”成本保险两种可选择定价方案，为保险公司产品推广与政府的价格补贴决策提供借鉴。

最后，针对两个作物保险定价方案的适用性进行了探讨。在政策性农业保险试验初期，政府需要预先强制确定较高的补贴比例，作为激励农民投保、降低保险公司经营成本的有效手段，建议优先选择定价“方案二”。随着试验范围与投保率的不断扩大、国家经济结构与“三农问题”的进一步解决，必须考虑政府所承担的价格补贴风险，为了减少目前高额补贴导致各级政府不断增加的财政压力，针对不同保障水平与农户风险类型进行政策性作物产量保险的差别补贴有利于我国农业保险全方位推进。展望未来，基于作物多个保障水平的政策性产量保险定价“方案一”必将赢得更多市场份额。

6.2 主要创新点

本书的主要创新点如下：

（1）运用保险精算技术构建了大田农作物保险多保障水平下的生存

分析模型。

本书通过系统的文献回顾，发现国内的农业保险方面的精算研究与国外发达国家相比仍有很大差距，我国目前尚没有严格意义下的政策性农业保险精算专用模型，而解决我国政策性农业保险问题的突破口就是要运用生存分析精算方法评估不同保障水平下的作物单产风险。本书对农业保险试点样本地区盘锦市的水稻、玉米、高粱三种作物的单产时间序列数据进行了去趋势处理，转换为生存变量，构建出这三种大田作物保险的生存分析模型，生成损失风险函数，进而对多个保障水平下作物保险的基础损失风险率与巨灾损失风险率分别进行了度量，填补了寿险精算的生存分析模型在国内农作物产量保险的风险评估与保费精算等应用方面的一些空白。

（2）提出并通过完成巨灾风险费率的厘定过程，为国家将财政灾后救助前移为定量的灾前保险储备金与政策性保费补贴提供理论依据。

实践中，我国现行政策性农业保险的费率厘定与补贴方式尚未能与国际先进水平接轨，纯费率厘定中缺乏对巨灾风险费率的厘定过程，使得政策性农业保险价格补贴的合理性受到质疑。鉴于我国目前政策性农作物保险计划尚未开展保额基于作物实际产量收益的多个保障水平产量保险产品，对于产量保险纯费率补贴方案可以借鉴国际上的纯费率补贴厘定标准，例如，如果农户的投保产量水平为70%，则产量保险的纯费率补贴比例可按80%计提，则补贴后费率仅为纯费率的20%，当然这里仍包含20%的巨灾费率。根据本书对政策性作物产量保险的界定与创新，作为分散政府救灾风险的有力保障，巨灾财政救助前移为定量的灾前保险补贴及保险储备金可以由政府补贴，政府实际的保费补贴费率应该包括纯费率补贴与巨灾补贴，纯费率中扣除政府承担的保费补贴费率份额的剩余部分就是农户实际交纳的费率。本书借鉴国际经验，把总保险成本费率分解为基础风险费率、巨灾风险费率、储备金费率以及管理费费率。将前两种费率之和即纯费率的厘定过程作为研究重点，因为后两种费率只需分别按纯费率的一定比例（通常为20%）计提，除巨灾风险费率外，其保费完全由政府补贴。政策性作物保险纯费率厘定过程必须同时包含对基础费率和巨灾费率的厘定过程。因此，本书所构建的生存分析精算模型解决了纯费率厘定中巨灾风险费率的厘定环节存在的问题，将国家财政灾后救助前移为定量的灾前保险储备金与政策性保费补贴，为我国政策性作物保险价格补贴比例与补贴方式提供了理论依据。

（3）构建了多保障水平下的政策性农作物产量保险与成本保险两种定价方案。

国内现行的政策性农业保险定价体系中，忽略了我国不同风险类型的农民对保险产品的需求显示出明显的区域性差异，导致农业保险至今远没有医疗保险、汽车保险那样普及，究其原因是研究方法和数据方面的限制，缺乏基于区域作物生产风险评估的多保障水平的政策性保险定价体系。本书为解决国内农业保险需求的多元化与农业保险产品的保障水平单一之间的矛盾，充分考虑到我国农民特有的土地经营规模、管理水平、家庭收入以及作物灾害损失波动程度存在的差异，在对样本地区农户作物保险认知度与支付意愿进行了实地调查、分析与测算后，根据农户不同的风险偏好类型，分别针对65%、70%、75%、80%和85%保障水平下的产量保险与成本保险两种MPCI保险产品，将我国作物保险价格确定为“方案一”和“方案二”两种定价形式，从而完善了多个保障水平下的政策性区域农作物保险定价体系，为保险公司的保费厘定、产品推广与政府价格补贴决策提供了借鉴。

6.3 研究局限性

限于篇幅和时间、空间，本书主要存在如下的研究局限性：

首先，在识别影响中国农户对政策性农业保险的风险认知与保费支付意愿调查研究中，由于时间与研究条件的限制，只针对辽宁省盘锦市保险试点地区农户入户调查的数据进行了分析，虽然调查的对象全部是农户家庭的户主，但样本的数量有限，使得对农户保险意愿统计分析的结果有待于进一步作出修正。同时，本书基于的样本地区实行新一轮的农业保险政策试验开始于2022年5月，截止到调查结束，尚未例行核灾定损与保险理赔程序，因此，对于农户次年的农业保险投保水平与保费支付意愿可能存在的变化未能进行合理调整。从这个角度来看，有必要在今后重新展开问卷调查，以修正对政策性农业保险定价背景中农民生产风险认知与投保支付意愿的识别分析结果。

其次，在作物保险定价实证研究中，由于相关历史数据的获得存在难度，没有基于对农业保险产品外部性的定量测算结果，对于政府的纯费率补贴比例，借鉴美国农作物保险计划中对不同保障水平下的农业保险纯费率补贴额度的最新比例，结合对样本地区作物巨灾风险率的测算结果，进行了纯费率的要素分解。农业保险外部性研究是当前相关研究的热点，毕竟农业保险属于准公共产品，在其市场培育和发展过程中，资源的最优配置必须以追求社会福利最大化为目标。因此，政府通过税收或补贴等经济手段来矫正作物保险市场发展中存在的外部性问题是必不可少的。基于此，各级政府，特别是中央政府必须通过立法手段制定出长期的带有连续性的政府财政作物保险补贴预算。此外，鉴于各国对农业保险外部性具有较为相近的衡量标准，本书未涉及农业保险外部性的测算。在今后的研究中，有必要对此环节展开深入研究。

6.4 未来研究展望

政府支持的农业保险定价与补贴相关问题的探讨已经成为农业风险管理研究领域的重点内容，根据文献回顾的结果和国内外农业保险计划的实践，今后可以主要从如下方面进一步展开深入研究：

首先，可以分别从气象、地质环境、技术行为和市场等对农作物产量产生影响的不同角度，展开农业可保性风险的识别和评估，识别出每种风险对农业生产造成的具体损失程度。重点采用建模的统计分析方法，选取全国农业保险试点经验较为成熟的地区作为调查样本，确定出具体的灾害风险控制方案与相应的保险合同。建立农作物在每个生长阶段损失风险测量的数学模型，研究风险动态监测和预警系统，以突出农作物产量的具体风险识别的动态性，把握不同阶段、不同区域的作物单产损失规律，为农业保险定价的科学性提供依据。

其次，未来的农业保险定价研究应该从最优性和动态性出发分析问题，在社会利益最大化和农业保险可持续发展的基础上确定出农民、政府和保险公司对保险价格分担的最优水平。具体要从政府、保险公司和农民这三个利益主体出发来建立模型，明确他们在农业保险实施中的博弈关系，分析农业保险的主要利益相关者的风险分担倾向，达到农业风险分担各方的利益均衡状态。

基于保险精算原理，继续完善农业风险评估的定性研究成果，注重和深化纯费率厘定的研究方法与内容。以农业保险达到某一既定投保率为目标，选取国内外成功的作物保险模式与案例，研究在不同经济基础、法律制度和农业发展水平下各国实行不同农业保险政策的差异，总结出满足中国政策性农业保险发展需要的定价方案。在统计分析方面，应该针对各级政府的补贴比例展开调查研究，从农业保险定价基于的“政策性”特点来看，多方合作博弈模型比较适用，可以尝试重点研究。

参考文献

[1] 庹国柱.再论政策性农业保险产品的政府定价［J］. 保险理论与实践，2021（10）：94-103.

[2] 李建英，许世瑛.农业保险政府补贴的国际比较及启示［J］. 农村金融研究，2011（2）：74-77.

[3] 刘汉成，夏亚华.政策性农业保险发展理论与实践［M］. 北京：中国农业出版社，2021.

[4] 庹国柱，韩志花.农险经营中值得重视的几个问题——一个农险赔案引发的思考［J］. 中国保险，2019（7）.

[5] 邹力行.新冠肺炎疫情对全球的影响和启示［J］. 东北财经大学学报，2020（4）.

[6] 刘艳.农作物区域产量保险产品研究——以山东省小麦为例［D］. 泰安：山东农业大学，2020.

[7] 韩俊，罗丹，程郁.农村金融现状调查［J］. 农村金融研究，2007（9）：9-20.

[8] 布兰特.数据分析中的统计和计算方法［M］. 莫梧生，译.北京：国防工业出版社，1983.

[9] 张洪涛，郑功成.保险学［M］. 北京：中国人民大学出版社，2000.

[10] 李国义.保险概论［M］. 北京：高等教育出版社，2014.

[11] 占纪文，徐学荣.粮食作物产量保险纯费率厘定与财政补贴［J］. 统计与决策，2020，36（13）.

[12] 张峭，王克，汪必旺，等.农业风险综合管理：一个理论框架［J］. 农业展望，2016（3）：59-65.

[13] 庹国柱.农业保险研究的若干前沿问题［J］. 农村金融研究，2022（8）：31-39.

[14] 陈新建，左新锋.脱贫农户的农业风险管理缺失与返贫风险治理［J］. 农业经济，2022（9）.

[15] 杨宝平.关于完善农业保险费率动态调整机制的思考［J］. 保险理论与实践，2023（2）.

[16] 崔正波，孙颖.农食产品定价策略、利润实现与消费者福利——基于差异化食品安全规制视角的均衡分析［J］. 东北财经大学学报，2021（6）.

[17] 覃丽萍.考虑订单合同选择和生产不确定性的农产品供应链模型［J］. 商业经济，2022（2）.

[18] 李俊海，吴本健.美国“保险+期货”模式助力农业发展的经验与启示［J］. 世界农业，2023（3）.

[19] 郭晨光，熊学萍.充分发挥期货市场对农业农村现代化的服务功能［J］. 农业经济问题，2021（3）.

[20] 聂荣.农业风险及其规避机制的研究［D］. 北京：中国农业科学院，2006.

[21] 何小伟，陈星足，张伟.我国“保险+期货”模式的运行机制、国际比较与政策取向［J］. 农村金融研究，2023（2）.

[22] 庹国柱，李军.我国农业保险试验的成就、矛盾及出路［J］. 金融研究，2003（9）：88-98.

[23] 龙春霞，姜俊臣.论农业保险体系中存在的问题及对策［J］. 河北农业大学学报（农林教育版），2003（3）：47-49.

[24] 崔春丽.农业保险补贴政策中存在的问题及其对策建议［J］. 南方农业，2020，14（33）：134-135.

[25] 陈香忆.北京市农业保险补贴效率及影响因素分析［D］. 北京：中国农业科学院，2021.

[26] 庹国柱.农险保费补贴的新政新规新亮点——浅议新版《中央财政农业保险保费补贴管理办法》［J］. 中国保险，2022（3）：30-36.

[27] 王亚许，吕娟，左惠强，等.典型国家农业保险制度与产品综述［J］. 灾害学，2022，37（4）.

[28] 邢诗雨.辽宁省农业保险对农民收入的影响探究［J］. 广东蚕业，2020，54（8）：125-126.

[29] 钱煜昊，VOICA D C.农业保险对农民生产决策的作用机制［J］. 华南农业大学学报（社会科学版），2020，19（4）：45-55.

[30] 王立勇，房鸿宇，谢付正.中国农业保险补贴政策绩效评估：来自多期DID的经验证据［J］.中央财经大学学报，2020（9）：24-34.
[31] 陈泽育，凌远云，李文芳.农户对农业保险支付意愿的测算及其影响因素的分析——以湖北省兴山县烟叶保险为例［J］.南方经济，2008（7）：34-43.
[32] 牛浩，陈盛伟.政策性农业保险实现“真赔”了吗——基于全国2011——2018年的省级面板数据［J］.农业经济问题，2022（10）.
[33] 尹千，谢凤杰，吴东立.美国棉花保险政策演变及对中国的启示［J］.农业经济，2021（4）.
[34] 马雪峰，杨正娣.相对贫困视角下农业保险对西部地区减贫效应研究［J］.保险职业学院学报，2022，36（5）.
[35] 张跃华，庹国柱，符厚胜.市场失灵、政府干预与政策性农业保险理论——分歧与讨论［J］.保险研究，2016（7）.
[36] 孙香玉，钟甫宁.对农业保险补贴的福利经济学分析［J］.农业经济问题，2008（2）：4-11.
[37] 庹国柱.中国农业保险制度模式运行评价——基于公私合作的理论视角［J］.中国农村经济，2009（3）：14-19.
[38] 施红.财政补贴对我国农户农业保险参保决策影响的实证研究［J］.技术经济，2008（9）：88-93.
[39] 熊志刚，安秀梅.财政分权、激励效应和农业保险发展［J］.保险研究，2018（4）.
[40] 于浩.中国农业保险补贴效率及动态演变研究［D］.重庆：重庆理工大学，2019.
[41] 庹国柱.农险保费补贴的新政新规新亮点——浅议新版《中央财政农业保险保费补贴管理办法》［J］.中国保险，2022（4）.
[42] 张卓，刘杰.对我国农业保险产品创新的思考［J］.特区经济，2004（12）：233-234.
[43] 邢鹂，于丹，刘丽娜.农业保险产品的现状和创新［J］.农业展望，2007（6）：28-30.
[44] 王超.我国农业保险经营效率及影响因素研究——基于供给视角［D］.天津：天津财经大学，2022.
[45] 叶涛，陈说，刘苇航，等.全国主粮作物减产风险评估与保险费率厘定研究［J］.保险研究，2021（2）.
[46] 王克.中国农作物保险效果评估及相关政策改善研究［D］.北京：中国农业科学院，2014.

[47] 张峭，王克.农业生产风险评估及农业保险费率厘定的不确定性：研究进展和破解之道［J］. 中国农业科学，2021，54（22）.
[48] 谷景志.美国、日本、菲律宾3国农业巨灾保险法律制度比较［J］. 世界农业，2013（6）.
[49] 高岑.国外典型农业再保险发展模式分析及其启示［J］. 农村经济与科技，2019，30（2）：212-214.
[50] 王野田，李琼，单言，等.印度农业再保险体系运行模式及其启示［J］. 保险研究，2019（1）：45-57.
[51] 刘学杰.论我国农业再保险法律体系的构建［J］. 农业经济，2020（12）：95-97.
[52] 李霓.试论我国农业再保险法律体系构建［J］. 上海商业，2022（1）：157-159.
[53] 吴静.农业再保险制度国内外研究综述及启示［J］. 农村·农业·农民（A版），2022（11）：26-28.
[54] 崔亨贵.以农业再保险为基础的农业风险分散机制构建［D］. 天津：天津师范大学，2022.
[55] 肖宇谷，杨晓波，齐纪元.我国农业保险大灾风险的空间分散效应测度与应用研究［J］. 保险研究，2022（7）：58-68.
[56] 肖宇谷，王克，何小伟，等.赔付模式对财政补贴型农业保险风险保障的影响研究［J］. 保险研究，2020（7）：63-76.
[57] 庹国柱.中国农业再保险的若干思考［J］. 中国保险，2021（11）.
[58] 王克.美国2018年农业法案中农业保险计划的动向和启示［EB/OL］.［2019-01-09］. http：//xw.cbimc.cn/2019-01/09/content_280690.htm.
[59] 孙庆博.烟台苹果价格指数保险产品设计研究［D］. 大连：东北财经大学，2021.
[60] 李政，陈盛伟，牛浩.农业天气指数保险的业务难题、角色定位与发展思路［J］. 农村经济，2022（2）.
[61] 伏红勇，李佳文，阮俊虎.基于天气指数保险的订单农业供应链风险转移机制研究［J］. 系统工程学报，2023，38（1）.
[62] 郎怀艳.保险精算理论及应用研究［D］. 大连：大连理工大学，2002.
[63] 曼昆.经济学原理［M］. 北京：北京大学出版社，2012.
[64] 蒋洪.财政学［M］. 北京：高等教育出版社，2000.
[65] 郑军，周宇轩.中国农业保险税收优惠政策的财政压力模拟研究［J］. 青岛大学学报（自然科学版），2021，34（1）.
[66] 赵学军，等.政府干预与中国农业保险的发展［J］. 中国经济史研究，

2004 (1): 89-98.

[67] 黄崇福.自然灾害风险分析的基本原理 [J]. 自然灾害学报，1999，8 (2): 21-30.

[68] 孙良媛.经营环境，组织制度与农业风险 [M]. 北京: 中国经济出版社，2004.

[69] 沈满洪，强朦朦.农业生产风险评估及管理研究进展 [J]. 浙江大学学报(人文社会科学版)，2020，50 (3).

[70] 杨静平.寿险精算基础 [M]. 北京: 北京大学出版社，2014.

[71] 庹国柱.我国农业保险发展的政策脉络——基于20年来中央“一号文件”中有关指导意见的学习 [J]. 保险理论与实践，2023 (4).

[72] 于洋，王尔大.政策性补贴对中国农业保险市场影响的协整分析 [J]. 中国农村经济，2009 (3).

[73] 江和文，李春，曹士民，等.盘锦水稻产量灾损风险及气象影响因子分析 [J]. 气象，2008 (5).

[74] 叶涛陈，说刘苇，航牟，等.全国主粮作物减产风险评估与保险费率厘定研究 [J]. 保险研究，2021 (2).

[75] KER，COBLE. Modeling Conditional Yield Densities [J]. American Journal of Agricultural Economics 2003，85 (2): 291-304.

[76] JOSEPH W，GLAUBER. Crop Insurance Reconsidered [J]. American Journal of Agricultural Economics 2004，86 (5).

[77] HANS U. gerber: Life Insurance Mathematics [M]. Heidelberg: Springer Group，1997.

[78] EDITORS. Foundations of Casualty Actuarial Science [M]. New York: Casualty Actuarial Society，1990.

[79] KEY，WILLIAM，et al.Production Contracts and Productivity in the U.S. Hog Section [J]. American Journal of Agricultural Economics，2003，81 (1): 121-133.

[80] REHBER，ERKAN.Vertical Coordination in the Agro-food Industry and Contract Farming: A Comparative Study of Turkey and the USA [M]. Connecticut: University of Connecticut，2000.

[81] KEITH，COBLE，HANSON，et al. Agricultural insurance as an environmental policy tool [J]. Journal of Agricultural and Applied Economics，2003，35 (2): 391-405.

[82] WOUTER ZANT. Hot Stuff: Index Insurance for Indian Smallholder Pepper Growers [J]. Elsevier Ltd，2008，36 (9).

[83] BRUCE J, SHERRICK. Factors Influencing Farmers Crop Insurance Decisions [J]. American Journal of Agricultural Economics, 2004, 86 (1): 103-114.

[84] SERRA, et al. Featherstone. Modeling Changes in the U.S. Demand for Crop Insurance during the 1990s [J]. Agricultural Finance Review, 2003, 63 (2): 109-125.

[85] CHI-CHUNG CHEN, CHING-CHENG CHANG. The impact of weather on crop yield distribution in Taiwan: some new evidence from panel data models and implications for crop insurance [J]. Agriculture Economics, 2005 (33): 503-511.

[86] GLAUBER J W, COLLINS K J. Crop Insurance, Disaster Assistance and the Role of the Federal Government in Providing Catastrophic Risk Protection [J]. Agricultural Finance Review, 2002, 69 (2): 81-102.

[87] CALUM G, TURVEY, ZAHIRUL ISLAM. Equity and efficiency considerations in area versus individual yield insurance [J]. Agricultural Economics, 1995 (12): 23-35.

[88] BARRY J, BARNETT J, ROY BLACK, et al. Is Area Yield Insurance Competitive with Farm Yield Insurance? [J]. Agricultural and Resource Economics, 2005, 30 (2): 285-301.

[89] OCTAVIO A, RAMIREZ, MCDONALD T. Ranking Crop Yield Models: A Comment [J]. American Journal of Agricultural Economics, 2006, 88 (4).

[90] BRUCE J, SHERRICK, GARY, et al. Crop insurance loss experience, ratings changes, and impacts on participants [J]. Agricultural Finance Review, 2014, 74 (4).

[91] BABCOCK BRUCE. The potential for crop insurance reform [J]. Agricultural Finance Review, 2014, 74 (4).

[92] WANG E J, WILLIAMS. Economics of Soil Erosion — a Case Study in Southwestern China [J]. Agricultural Economics, 2006, 8 (2): 103-134.

[93] ERDA W, et al. Empirically-Based Crop Insurance for China: A Pilot Study in the Jiangxi and Hunan Provinces [J]. Springer-Verlag Berlin Heidelberg, 2009 (35): 588-594.

[94] HOLLY WANG, STEVEN D, HANSON, et al. Efficiency Costs of Subsidy Rules for Crop Insurance [J]. Agricultural and Resource

Economics, 2003, 28 (1): 116-137.

[95] THOMAS O, KNIGHT , KEITH H, et al. Actuarial Effects of Unit Structure in the U.S. Actual Production History Crop Insurance Program [J]. Agricultural and Applied Economics, 1999 (3): 519-535.

[96] JERRY R, SKEES, JOY HARWOOD, et al. The Potential for Revenue Insurance Policies in the South Agricultural and Applied Economics [J]. 1998, 30 (1): 47-61.

[97] BARRY J, BARNETT J, ROY BLACK, et al. Is Area Yield Insurance Competitive with Farm Yield Insurance? [J]. Agricultural and Resource Economics, 2005, 30 (2): 285-30.

[98] BABCOCK B A, HART C E, HAYES D J. Actuarial Fairness of Crop Insurance Rates with Constant Rate Relativities [J]. Agricultural Economics, 2004 (86).

[99] JOSEPH W, GLAUBER. Crop Insurance Reconsidered [J]. Agricultural Economics, 2004, 86 (5).

[100] MILLER J C, BARNETT B J, COBLE K H. Analyzing Producer Preferences for Counter-Cyclical Government Payments [J]. Journal of Agricultural and Applied Economics, 2003 (35): 671-684.

[101] NICHOLAS D, PAULSON. The potential for crop insurance reform [J]. Agricultural Finance Review, 2014, 74 (4): 464-476.

[102] BARRY BARNETT. Múltiple-peril crop insurance: successes and challenges [J]. Agricultural Finance Review, 2014, 74 (2).

[103] BROWN T P, CHAMP R, BISHOP, et al. Which response fomat reveals the truth about donations to a public good? [J]. Land Economics, 1996 (72), 152-66.

[104] ALBERINI A B, KANNINEN , CARSON R T. Modeling Response Incentives in dichotomous Choice Contingent Valuation Data [J]. Land Economics , 1997 (73): 309-324.

[105] HERRIGES A J , SHOGREN J F. Starting point bias in dichotomous choice valuation with follow-up questioning [J]. Environmental Economics and Management, 1996, 30 (1): 112- 131.

索引